# NIVEL FACIL

## SUDOKU 1

| | | | | | | | | |
|---|---|---|---|---|---|---|---|---|
| 1 | | | 8 | | 2 | 4 | | 7 |
| 4 | | | 7 | | | | | 3 |
| 3 | | 2 | 9 | 4 | | | | 1 |
| | | | | 2 | | | | |
| | 4 | | 1 | 9 | | 2 | | |
| | 5 | 1 | | | | | | |
| | | | | | 6 | | | |
| | | 8 | 2 | | 9 | | 5 | |
| | | | | | | 1 | 7 | |

## SUDOKU 2

| | | | | | | | | |
|---|---|---|---|---|---|---|---|---|
| | 5 | | 1 | | | | | 7 |
| | | | | | 7 | 1 | 5 | 9 |
| | | | 4 | 9 | | | | |
| | 3 | | | 1 | | 9 | | 4 |
| 9 | 4 | | | 3 | 6 | | | |
| | 1 | | | 5 | | 2 | 7 | |
| | 9 | 7 | | | | | | |
| | | 3 | | 7 | | | 8 | |
| 2 | | | | | | 7 | 9 | 5 |

## SUDOKU 3

| | | | | | | | | |
|---|---|---|---|---|---|---|---|---|
| | | | | | | 8 | | 6 |
| 7 | | | 1 | | 9 | | | 5 |
| | | | | | 4 | | | |
| | 2 | | 8 | 9 | | 1 | | |
| 8 | 5 | | | | | | | |
| | | | | 1 | | | | |
| 1 | | 3 | 9 | 2 | | | 8 | |
| | | 8 | 7 | | 1 | 2 | 6 | |
| | | 2 | 6 | | | | 3 | |

## SUDOKU 4

| | | | | | | | | |
|---|---|---|---|---|---|---|---|---|
| | 4 | 5 | 3 | 1 | | | | |
| 9 | 2 | | 5 | 7 | | | | 1 |
| 3 | | 1 | | | | | | 5 |
| 2 | | | | | | 8 | | 9 |
| | | | 9 | 5 | | 3 | 1 | |
| 1 | | | 7 | 2 | | | 5 | 4 |
| | 3 | | 2 | 6 | 5 | | 4 | |
| | | 2 | | 9 | | | | |
| | | | 1 | | | 9 | | |

## SUDOKU 5

| | | | | | | | | |
|---|---|---|---|---|---|---|---|---|
| | 7 | 3 | | | 6 | | | |
| 5 | | 9 | | | 2 | | 6 | 8 |
| 2 | 1 | | | | | | 5 | 3 |
| | | | 6 | | | | 3 | |
| | 3 | | | | | | | 2 |
| 9 | | | | 1 | | 5 | 4 | 6 |
| | | 5 | 2 | | 1 | | | |
| | | 2 | | 6 | 3 | | 8 | 5 |
| | | | 5 | 9 | | | 2 | 1 |

## SUDOKU 6

| | | | | | | | | |
|---|---|---|---|---|---|---|---|---|
| | | 2 | 9 | | | 1 | | |
| 6 | | 8 | | | | 5 | | |
| | | | 6 | | | | | 2 |
| | | 7 | | 9 | | 4 | | |
| 4 | | | | 8 | | | | |
| | | 3 | | | | 8 | | 6 |
| 1 | | 9 | | 3 | 4 | | 2 | |
| | 7 | | 8 | | 9 | 6 | | 4 |
| | 2 | | | | | | 5 | |

## SUDOKU 7

| | | | | | | | | |
|---|---|---|---|---|---|---|---|---|
| | | | | | | 8 | 7 | |
| | 7 | 9 | 2 | 8 | | | | 4 |
| | | 3 | | | 5 | | | 6 |
| | | | | | | | 1 | 7 |
| | 6 | 1 | 9 | 5 | | 3 | | |
| 7 | | | 3 | | | 5 | | |
| | | | | 4 | 9 | | | 2 |
| 3 | 4 | | | | | 9 | | |
| | | | | | | 4 | | 5 |

## SUDOKU 8

| | | | | | | | | |
|---|---|---|---|---|---|---|---|---|
| | 6 | | | 5 | 9 | | 1 | |
| | | 5 | 6 | 8 | | | | |
| | 9 | | 7 | | 4 | | 5 | |
| | | 9 | 4 | | 5 | | | 1 |
| | 4 | | | 1 | | | 6 | |
| 6 | | | 8 | | 3 | 9 | | |
| | 2 | | 5 | 4 | | | 3 | |
| | 1 | | 3 | | 7 | | 9 | |
| | | | | 9 | 6 | 7 | | |

## SUDOKU 9

| | | | | | | | | |
|---|---|---|---|---|---|---|---|---|
| | | 8 | 6 | | | | | 9 |
| 4 | | 3 | | | | 6 | | |
| | 7 | 1 | | | | | | |
| 7 | 4 | | | | | | | |
| 5 | | | | | 1 | | 9 | |
| 8 | | 2 | | 5 | | | | |
| | | | | | 6 | 2 | | 4 |
| | | | | 7 | 4 | | | 8 |
| | | | | 8 | 2 | 3 | | 7 |

## SUDOKU 10

| | | | | | | | | |
|---|---|---|---|---|---|---|---|---|
| 4 | 9 | | | | | | | |
| | 7 | | 9 | | 1 | | | |
| 8 | | | | | | 7 | | 9 |
| | 6 | 5 | | | | | | |
| 9 | | | 5 | 7 | | | 8 | 6 |
| 3 | | | | 1 | | 4 | | |
| 5 | | 2 | | | | | | |
| | 4 | | | | 5 | | 1 | |
| | 1 | | 3 | 2 | | | 7 | 4 |

## SUDOKU 11

| | | | | | | | | |
|---|---|---|---|---|---|---|---|---|
| | | 4 | | | | 7 | 5 | |
| | 3 | | | | | 2 | 1 | 6 |
| | | | 6 | | | | | |
| | | 2 | 7 | 9 | 3 | | | |
| 5 | 4 | 7 | | 1 | | | | |
| 1 | | | | | 5 | | | |
| | | | 8 | | | 5 | 7 | 1 |
| | 8 | | | | | | | |
| | | | | 6 | | 9 | | 2 |

## SUDOKU 12

| | | | | | | | | |
|---|---|---|---|---|---|---|---|---|
| 3 | 8 | 9 | | 1 | | | | |
| | | 7 | 5 | 3 | 4 | | | |
| | 5 | | 7 | | | | | |
| | | | | | 6 | | | |
| 6 | | | | | | 5 | 7 | 3 |
| | | 2 | | | | 9 | 1 | |
| 2 | | | | | | | | |
| | | | | | 8 | 1 | 2 | 7 |
| | | | | 4 | | 3 | | 5 |

## SUDOKU 13

| | | | | | | | | |
|---|---|---|---|---|---|---|---|---|
| 3 | 4 | | | | | | | |
| | 5 | | | | 8 | 3 | 7 | |
| | | | | | | | 8 | |
| 1 | | | 4 | | | 8 | | 7 |
| | | | | | | | | 2 |
| | | | 9 | | 3 | | | |
| | | 5 | | 6 | | 9 | | |
| 8 | | 6 | | 3 | | 7 | 5 | |
| | | 3 | | 9 | 5 | 1 | | 8 |

## SUDOKU 14

| | | | | | | | | |
|---|---|---|---|---|---|---|---|---|
| 2 | | 4 | | 9 | | | | 1 |
| | 5 | | 4 | | 3 | | 6 | |
| 9 | | 3 | 6 | | 2 | 5 | | |
| | | 2 | | | | 4 | | |
| 4 | | | 9 | | | | | |
| | | 5 | | | 4 | 3 | 2 | 9 |
| | | 8 | | | 9 | 6 | 5 | 3 |
| 3 | | | 5 | | | | | |
| | | | | | 1 | 2 | | |

## SUDOKU 15

| | | | | | | | | |
|---|---|---|---|---|---|---|---|---|
| 3 | 4 | | | | | | | |
| | 5 | | | | 8 | 3 | 7 | |
| | | | | | | | 8 | |
| 1 | | | 4 | | | 8 | | 7 |
| | | | | | | | | 2 |
| | | | 9 | | 3 | | | |
| | | 5 | | 6 | | 9 | | |
| 8 | | 6 | | 3 | | 7 | 5 | |
| | | 3 | | 9 | 5 | 1 | | 8 |

## SUDOKU 16

| | | | | | | | | |
|---|---|---|---|---|---|---|---|---|
| | 3 | | | | 6 | 7 | | |
| 6 | 1 | 9 | | | | | | |
| | | | | 9 | 8 | | | |
| 3 | | | | | | 4 | 2 | |
| | 9 | | 3 | 4 | | | | |
| 7 | 4 | 5 | | 6 | | 3 | | |
| 5 | 6 | 1 | | | | | | |
| 9 | | | | 3 | | | | 6 |
| | | | | | | 8 | | 5 |

## SUDOKU 17

| | | | | | | | | |
|---|---|---|---|---|---|---|---|---|
| | | | | 8 | | 4 | | 6 |
| | | | | 6 | 7 | 3 | | 8 |
| | | | | 4 | 3 | 1 | | |
| 5 | | | 2 | | | 9 | | |
| 6 | | 4 | | | | | | |
| 8 | 3 | | | | | | | 5 |
| | 8 | | | 2 | | | 1 | |
| 4 | 7 | | | | 1 | | | |
| | 9 | 6 | | | | | | |

## SUDOKU 18

| | | | | | | | | |
|---|---|---|---|---|---|---|---|---|
| | | | 4 | 3 | | | 6 | |
| | 5 | | | | | | | |
| | | | 9 | 1 | 8 | 5 | | |
| 1 | 7 | 8 | | | | | 9 | |
| | | 4 | | | | 8 | 3 | 2 |
| 9 | | | | | | | | 1 |
| | | 7 | | 8 | 1 | | | |
| | | | | | | 6 | | |
| | 2 | | 6 | 4 | 9 | | | |

## SUDOKU 19

| | | | | | | | | |
|---|---|---|---|---|---|---|---|---|
| 6 | 1 | 5 | | | | | | |
| 7 | | | | 9 | | 5 | | |
| | | | | | | 6 | 4 | |
| 9 | | | | | | | 2 | 3 |
| | | 7 | 9 | 2 | | | | |
| 8 | 6 | 2 | | 5 | | | 9 | |
| | | | | 7 | 4 | | | |
| | | 9 | | | 5 | | 8 | |
| 5 | 7 | 1 | | | | | | |

## SUDOKU 20

| | | | | | | | | |
|---|---|---|---|---|---|---|---|---|
| 5 | 4 | | | 1 | | 7 | | |
| 9 | | 7 | | 8 | | | | 1 |
| | | | | 5 | | | 8 | |
| 3 | | | | | | | 7 | |
| 4 | | | | 9 | 5 | | | 6 |
| 6 | | | 1 | 3 | | 5 | | |
| | | | | | | | | |
| | | 5 | | 4 | 3 | | | 8 |
| 1 | 9 | | 2 | | | 3 | | |

## SUDOKU 21

| | | | | | | | | |
|---|---|---|---|---|---|---|---|---|
| | 1 | | 9 | | | | 4 | |
| | | | 2 | | | 1 | | |
| | 3 | 2 | | | | | 5 | |
| 1 | | | | | | | | 5 |
| 7 | | | 3 | | 9 | 6 | 2 | |
| | 9 | 4 | | 8 | 6 | | | 1 |
| | 7 | | | 9 | | | 6 | |
| | | 6 | | 3 | | | | |
| | 8 | | | | | 2 | 3 | |

## SUDOKU 22

| | | | | | | | | |
|---|---|---|---|---|---|---|---|---|
| | 6 | | 9 | 1 | 2 | | | 3 |
| | | | | 6 | | | | 9 |
| | | 2 | | | | | 6 | |
| | | 3 | | | | | 1 | |
| | 2 | | 3 | 7 | 1 | | | 5 |
| | 4 | | | 9 | | | | |
| 2 | | | | | 4 | | 9 | 6 |
| | 9 | 7 | | 3 | | | 2 | 1 |
| | 1 | 6 | 7 | | | 3 | | |

## SUDOKU 23

| | | | | | | | | |
|---|---|---|---|---|---|---|---|---|
| 8 | 4 | | 6 | | 3 | 2 | | 5 |
| 5 | 6 | | | 2 | 8 | 7 | | 4 |
| | | | | | 4 | | | |
| 4 | 2 | | | | 9 | | | |
| | 7 | 1 | | 6 | | | | |
| 9 | | 6 | | | | | 4 | 2 |
| | | | 8 | | | 4 | 2 | |
| | | | | | 7 | 9 | | 8 |
| 2 | | 8 | | | | | 7 | 6 |

## SUDOKU 24

| | | | | | | | | |
|---|---|---|---|---|---|---|---|---|
| 2 | | 1 | 9 | 3 | | | 5 | |
| | | | | 8 | 6 | | 1 | |
| 8 | | 9 | 5 | | 7 | | | |
| | | 8 | | | | | | 1 |
| 5 | | | | | 8 | | | |
| 1 | 9 | 4 | 3 | | | 7 | | |
| 9 | | 2 | | 5 | | 1 | 8 | |
| | | | | 9 | | | 7 | 5 |
| 7 | | 5 | | | | 3 | | 9 |

## SUDOKU 25

| | | | | | | | | |
|---|---|---|---|---|---|---|---|---|
| | 2 | 1 | 8 | 9 | | | | 7 |
| 8 | | | 2 | 4 | | 3 | | |
| | 9 | 4 | | | 7 | | 1 | |
| | 8 | | | 6 | | 9 | 7 | 1 |
| | 3 | | | | | | | 2 |
| | | 7 | 9 | | | | | |
| | | 8 | 4 | | | | | |
| | | | | 2 | | | | 4 |
| | 4 | | | 7 | | 8 | 2 | 9 |

## SUDOKU 26

| | | | | | | | | |
|---|---|---|---|---|---|---|---|---|
| | | | | | | | 3 | |
| 4 | 5 | | 2 | | 3 | 9 | | |
| | | 6 | | | | | | 5 |
| 7 | 3 | | 5 | | 9 | 1 | | |
| | | | | 2 | | | 5 | |
| | | | | | | | | 9 |
| | 6 | 9 | 1 | | 5 | | 2 | 4 |
| 2 | 4 | | 6 | 9 | | | 1 | 8 |
| 1 | | 5 | | 8 | 2 | 3 | | |

## SUDOKU 27

| | | | | | | | | |
|---|---|---|---|---|---|---|---|---|
| 4 | | | 5 | | | | 9 | |
| | | | | 4 | | | 6 | |
| 6 | 3 | | 7 | | | | | |
| 1 | | | 8 | | | | | 9 |
| 2 | | | 6 | 3 | | | | |
| | 8 | | | | | | | 3 |
| | | 8 | 9 | 1 | | 4 | 7 | |
| 3 | 4 | | | | 5 | 9 | | 6 |
| | | 2 | | | 8 | | | |

## SUDOKU 28

| | | | | | | | | |
|---|---|---|---|---|---|---|---|---|
| | 6 | | | 1 | | 7 | 3 | |
| 4 | | | 5 | | 6 | | | 8 |
| | | | | | | | | |
| 9 | | | 3 | | 8 | 5 | | |
| | | 2 | | | | 6 | | |
| | 8 | | 6 | 7 | | 9 | | |
| | | 4 | 8 | | | | | |
| 7 | | | 4 | | | 3 | | 2 |
| | 2 | | 7 | | | 8 | 5 | |

## SUDOKU 29

| | | | | | | | | |
|---|---|---|---|---|---|---|---|---|
| 1 | | 3 | | 8 | 2 | | | |
| 5 | 2 | | | | | | 4 | |
| | 7 | 8 | | 4 | 6 | | 3 | |
| | | | | 2 | | | | 4 |
| | | 7 | 8 | 9 | 4 | 1 | | |
| 2 | | | | | 3 | | | |
| | 8 | | | | | | 1 | 3 |
| | 3 | | | 6 | 8 | 4 | 2 | |
| | | | | 3 | 1 | 7 | | 8 |

## SUDOKU 30

| | | | | | | | | |
|---|---|---|---|---|---|---|---|---|
| | 7 | | | | | 9 | | 4 |
| | | 9 | | | | | 1 | 3 |
| | | | | 1 | 9 | 2 | 7 | |
| 2 | | | 7 | | 8 | | | |
| | 4 | | 1 | 3 | | | | |
| | | | | 4 | 2 | 1 | 3 | |
| 1 | 9 | | 2 | 6 | | 3 | | 7 |
| | 3 | | | | | | | |
| | 5 | 2 | 3 | 9 | | 6 | | 1 |

## SUDOKU 31

| | | | | | | | | |
|---|---|---|---|---|---|---|---|---|
| | | | | 1 | | | 9 | |
| 9 | 7 | 5 | 2 | | | 1 | | |
| | | 1 | 7 | | | | | |
| | | 2 | 5 | 9 | | 7 | 3 | |
| | 3 | | | | 2 | 5 | 1 | |
| 4 | | | 1 | 7 | | | | 9 |
| 5 | 2 | 3 | 8 | | | 9 | | |
| | | | | 5 | | | 2 | |
| | | 7 | | | | 4 | | |

## SUDOKU 32

| | | | | | | | | |
|---|---|---|---|---|---|---|---|---|
| 7 | 8 | 9 | 3 | | | 1 | | |
| | | | 6 | | 9 | | | |
| | 5 | | | 1 | | | | |
| | 3 | | | | | | 2 | |
| | | | | | | 8 | | 1 |
| 9 | 6 | 8 | | | 7 | | | 3 |
| 1 | | | | 7 | | 4 | 3 | |
| | | 6 | | 3 | 1 | | 7 | |
| 2 | | 3 | | 9 | | | 1 | |

## SUDOKU 33

| | | | | | | | | |
|---|---|---|---|---|---|---|---|---|
| 1 | | | | | | 6 | | |
| 7 | | | | 4 | 5 | | | 2 |
| 2 | | | 8 | 1 | | | 5 | |
| | | 5 | | 7 | 1 | | | 3 |
| 8 | 4 | | 9 | | | | 1 | |
| | | | | | | | | |
| 4 | | 6 | | 3 | | | | 8 |
| 5 | 7 | | | 8 | | | 6 | |
| | | | | 5 | | 3 | | |

## SUDOKU 34

| | | | | | | | | |
|---|---|---|---|---|---|---|---|---|
| | | 4 | | | | | | |
| | 3 | | | 4 | 5 | 2 | 6 | |
| 6 | | | | | | | | 1 |
| 3 | | | | | | | | |
| | 7 | | | 3 | 6 | 9 | 4 | |
| | | 6 | 5 | | | | | |
| 8 | | 7 | 3 | | 1 | 5 | 2 | |
| 2 | | 5 | | 6 | 7 | | 1 | 3 |
| | 4 | | 8 | 5 | | 7 | | 6 |

**SUDOKU 35**

| | | | | | | | | |
|---|---|---|---|---|---|---|---|---|
| 2 | 6 | | | | | | | |
| 4 | | | | | | 2 | 3 | |
| | 5 | | 4 | 2 | | | | |
| 3 | | | | 6 | 4 | 8 | | 9 |
| 6 | | | | | 3 | | 1 | |
| | 1 | 9 | | | | | | |
| 7 | | 1 | | | | | | |
| | 8 | | 6 | | | | | 3 |
| | 2 | | | 7 | 5 | 1 | | 4 |

**SUDOKU 36**

| | | | | | | | | |
|---|---|---|---|---|---|---|---|---|
| | | 2 | | 5 | 8 | 7 | | 6 |
| 6 | 5 | | | | | | | |
| | | 3 | 9 | | | 4 | | |
| | | 8 | 7 | 2 | | | | |
| | 2 | 9 | | | | | | |
| | 7 | | | | | | 4 | 2 |
| | 4 | | | 9 | 7 | 1 | | 3 |
| | 9 | | | | 4 | | 6 | |
| 1 | | 6 | | | | | | |

## SUDOKU 37

| | | | | | | | | |
|---|---|---|---|---|---|---|---|---|
| | 2 | | | | 6 | | 4 | |
| | | | | | | 2 | 5 | 8 |
| 8 | 9 | | | | | | | |
| 4 | | | | 2 | | 8 | | |
| | | | | 1 | 9 | | | |
| | | | | | | 1 | 2 | 5 |
| | | | 7 | | 3 | 4 | | |
| 2 | | | | | 4 | 6 | 3 | 1 |
| 3 | | 4 | | | | | 8 | |

## SUDOKU 38

| | | | | | | | | |
|---|---|---|---|---|---|---|---|---|
| | | | | | | | 2 | 1 |
| | | 5 | 8 | 1 | 7 | | 6 | |
| | | | 6 | | | 9 | | |
| 6 | | | 1 | 7 | 5 | | | 2 |
| 8 | | 7 | | | | | | |
| | 2 | | 3 | | | | | |
| | 5 | | | | 2 | 6 | | 4 |
| | 6 | 2 | | 8 | | 5 | | |
| | 7 | | | 6 | 9 | 2 | | |

## SUDOKU 39

| | | | | | | | | |
|---|---|---|---|---|---|---|---|---|
| | | | 9 | | 4 | | | |
| | | | | | | | | 6 |
| 6 | | | | | 1 | 9 | | 8 |
| | | 4 | 3 | | | 6 | 8 | |
| | | | | | | | 5 | |
| 9 | | 7 | | | | | | |
| 1 | 7 | | | 9 | | 3 | 6 | |
| | 2 | | | 1 | | 7 | | |
| | 9 | | 6 | 2 | | 8 | | 1 |

## SUDOKU 40

| | | | | | | | | |
|---|---|---|---|---|---|---|---|---|
| | | 1 | 6 | | | | | |
| 2 | | | 1 | | | 8 | | 7 |
| | 8 | | 2 | | | | 3 | 6 |
| 1 | | | 3 | | 5 | 6 | | |
| | 5 | | | 9 | | | 7 | 2 |
| | | | | | | | | |
| | 6 | | 5 | 2 | | | | 4 |
| 4 | | | 7 | | 6 | | | 3 |
| | | 8 | | | | | | 5 |

## SUDOKU 41

| | | | | | | | | |
|---|---|---|---|---|---|---|---|---|
| | 6 | | | | | | | |
| 3 | | | | | | | | 5 |
| | | 9 | 7 | 2 | | 6 | 3 | |
| | | 2 | 9 | | 3 | 5 | | 4 |
| 9 | 4 | | 5 | 8 | | | 1 | 6 |
| 5 | 8 | | | 1 | 6 | 3 | 9 | |
| | 3 | | | | 1 | | | |
| | | 6 | 8 | 3 | | 2 | 5 | |
| 2 | | | | | | | | |

## SUDOKU 42

| | | | | | | | | |
|---|---|---|---|---|---|---|---|---|
| | | | | | | 2 | 1 | |
| | | 9 | 2 | | | | | 5 |
| | 5 | 8 | | 1 | 6 | | | 9 |
| | 4 | 7 | | 8 | 2 | 3 | | |
| 5 | | | | 9 | | 6 | | |
| | | | | | | | 2 | 4 |
| 8 | 3 | | | | | 7 | | |
| | | | 9 | | 3 | | | 8 |
| | | | | | 5 | | | 3 |

## SUDOKU 43

| | | | | | | | | |
|---|---|---|---|---|---|---|---|---|
| 2 | | 9 | 8 | | | | 4 | |
| | 7 | | | | | | | |
| 8 | | 4 | | 6 | | 9 | | 7 |
| 9 | 8 | | | 2 | 1 | | | 4 |
| 5 | 4 | | 7 | | | | 2 | |
| | | 2 | | | | | | |
| 7 | | | | 5 | 9 | 4 | | 8 |
| | | 1 | | 8 | | | | 2 |
| | 5 | | | 7 | | | | 9 |

## SUDOKU 44

| | | | | | | | | |
|---|---|---|---|---|---|---|---|---|
| 8 | | | 4 | | | | | |
| | 7 | | 5 | 3 | 9 | | 6 | |
| | | | | 8 | | 5 | | |
| | 9 | 7 | 2 | 5 | | | | 4 |
| 1 | | 8 | | | | | | 5 |
| 6 | 4 | | 8 | 9 | | | | |
| | | 9 | | | | 4 | | 6 |
| | | 4 | 9 | 2 | | | 5 | 8 |
| | | | 6 | 4 | | 9 | 7 | |

## SUDOKU 45

| | | | | | | | | |
|---|---|---|---|---|---|---|---|---|
| 3 | | | | 6 | 2 | | | |
| | | | 5 | 7 | | | 2 | 8 |
| 5 | | | 8 | | 9 | | 4 | 3 |
| 7 | 5 | | | | 8 | | | |
| | 8 | 9 | | | | | 7 | 5 |
| 2 | | 3 | | | 5 | | 8 | 4 |
| | 3 | | | | | | | 2 |
| | | 7 | 9 | | | 8 | 3 | 1 |
| | | | | 2 | | | 5 | |

## SUDOKU 46

| | | | | | | | | |
|---|---|---|---|---|---|---|---|---|
| | | | | | | | 6 | 3 |
| | | 9 | 2 | 6 | 7 | | | 1 |
| | | | 1 | | | 8 | | |
| | 7 | | | 1 | 8 | 3 | | |
| | 1 | 3 | | 2 | | 9 | | |
| | 9 | | | | 3 | 1 | 4 | |
| | 3 | | 5 | | | | | |
| 2 | | 7 | | | | | | |
| 1 | | | 6 | 7 | 9 | | 3 | |

## SUDOKU 47

| | | | | | | | | |
|---|---|---|---|---|---|---|---|---|
| | | 1 | 9 | | | 7 | | |
| | | | | 1 | | | 2 | |
| 4 | | | | | 2 | | | 3 |
| 5 | | | | | 6 | | | |
| 9 | | | 5 | | 3 | 6 | 4 | 7 |
| | | 3 | 2 | | | | | |
| | | 6 | 1 | 3 | 9 | 5 | | 4 |
| 8 | | | | | | | | 9 |
| | | 4 | | | | 3 | | |

## SUDOKU 48

| | | | | | | | | |
|---|---|---|---|---|---|---|---|---|
| 9 | | 7 | | 1 | 5 | | | |
| | 2 | 1 | | | | | 5 | |
| 5 | 3 | | | | | 7 | | |
| | | | | | | 2 | | |
| 2 | 7 | | 9 | 4 | | 5 | | 1 |
| 4 | 1 | | 2 | 5 | | 8 | 9 | |
| 1 | | 2 | | 3 | 9 | | | |
| | | | 1 | 2 | | 3 | | |
| | | | 7 | | 6 | | | 9 |

## SUDOKU 49

| | | | | | | | | |
|---|---|---|---|---|---|---|---|---|
| 1 | | 7 | | | 2 | | | 4 |
| | | | | | | | | |
| | 9 | | 6 | 4 | | | 3 | |
| | | 4 | | | | 8 | | |
| | | 6 | 1 | 9 | | | 5 | |
| | | 5 | 4 | | 7 | | | 9 |
| | 8 | 1 | 3 | | | | 7 | |
| 6 | | 9 | 7 | | | | | 8 |
| | | | 9 | | | 3 | | |

## SUDOKU 50

| | | | | | | | | |
|---|---|---|---|---|---|---|---|---|
| | | | 6 | 7 | | | | |
| | | | | | | | | 3 |
| | 3 | | 8 | | | 7 | | 4 |
| | 8 | 5 | | | 7 | 2 | 3 | |
| | | 9 | | | 8 | 5 | | |
| | | 7 | | 3 | 9 | 4 | | 8 |
| | | | | | | | 1 | |
| 5 | 7 | | | | | | | |
| 6 | | | | 2 | | 3 | 4 | |

# GABARITO

# NIVEL FACIL

## SUDOKU 1

| | | | | | | | | |
|---|---|---|---|---|---|---|---|---|
| 1 | 6 | 5 | 8 | 3 | 2 | 4 | 9 | 7 |
| 4 | 8 | 9 | 7 | 6 | 1 | 5 | 2 | 3 |
| 3 | 7 | 2 | 9 | 4 | 5 | 8 | 6 | 1 |
| 7 | 9 | 3 | 5 | 2 | 4 | 6 | 1 | 8 |
| 8 | 4 | 6 | 1 | 9 | 7 | 2 | 3 | 5 |
| 2 | 5 | 1 | 6 | 8 | 3 | 7 | 4 | 9 |
| 5 | 3 | 7 | 4 | 1 | 6 | 9 | 8 | 2 |
| 6 | 1 | 8 | 2 | 7 | 9 | 3 | 5 | 4 |
| 9 | 2 | 4 | 3 | 5 | 8 | 1 | 7 | 6 |

## SUDOKU 2

| | | | | | | | | |
|---|---|---|---|---|---|---|---|---|
| 3 | 5 | 9 | 1 | 2 | 8 | 6 | 4 | 7 |
| 8 | 2 | 4 | 3 | 6 | 7 | 1 | 5 | 9 |
| 1 | 7 | 6 | 4 | 9 | 5 | 8 | 3 | 2 |
| 7 | 3 | 5 | 8 | 1 | 2 | 9 | 6 | 4 |
| 9 | 4 | 2 | 7 | 3 | 6 | 5 | 1 | 8 |
| 6 | 1 | 8 | 9 | 5 | 4 | 2 | 7 | 3 |
| 4 | 9 | 7 | 5 | 8 | 1 | 3 | 2 | 6 |
| 5 | 6 | 3 | 2 | 7 | 9 | 4 | 8 | 1 |
| 2 | 8 | 1 | 6 | 4 | 3 | 7 | 9 | 5 |

**SUDOKU 3**

| | | | | | | | | |
|---|---|---|---|---|---|---|---|---|
| 2 | 1 | 9 | 3 | 5 | 7 | 8 | 4 | 6 |
| 7 | 8 | 4 | 1 | 6 | 9 | 3 | 2 | 5 |
| 6 | 3 | 5 | 2 | 8 | 4 | 9 | 1 | 7 |
| 4 | 2 | 7 | 8 | 9 | 6 | 1 | 5 | 3 |
| 8 | 5 | 1 | 4 | 7 | 3 | 6 | 9 | 2 |
| 3 | 9 | 6 | 5 | 1 | 2 | 4 | 7 | 8 |
| 1 | 6 | 3 | 9 | 2 | 5 | 7 | 8 | 4 |
| 5 | 4 | 8 | 7 | 3 | 1 | 2 | 6 | 9 |
| 9 | 7 | 2 | 6 | 4 | 8 | 5 | 3 | 1 |

**SUDOKU 4**

| | | | | | | | | |
|---|---|---|---|---|---|---|---|---|
| 7 | 4 | 5 | 3 | 1 | 9 | 2 | 8 | 6 |
| 9 | 2 | 8 | 5 | 7 | 6 | 4 | 3 | 1 |
| 3 | 6 | 1 | 4 | 8 | 2 | 7 | 9 | 5 |
| 2 | 5 | 4 | 6 | 3 | 1 | 8 | 7 | 9 |
| 6 | 8 | 7 | 9 | 5 | 4 | 3 | 1 | 2 |
| 1 | 9 | 3 | 7 | 2 | 8 | 6 | 5 | 4 |
| 8 | 3 | 9 | 2 | 6 | 5 | 1 | 4 | 7 |
| 4 | 1 | 2 | 8 | 9 | 7 | 5 | 6 | 3 |
| 5 | 7 | 6 | 1 | 4 | 3 | 9 | 2 | 8 |

## SUDOKU 5

| | | | | | | | | |
|---|---|---|---|---|---|---|---|---|
| 8 | 7 | 3 | 9 | 5 | 6 | 2 | 1 | 4 |
| 5 | 4 | 9 | 1 | 3 | 2 | 7 | 6 | 8 |
| 2 | 1 | 6 | 8 | 7 | 4 | 9 | 5 | 3 |
| 4 | 5 | 1 | 6 | 2 | 9 | 8 | 3 | 7 |
| 6 | 3 | 7 | 4 | 8 | 5 | 1 | 9 | 2 |
| 9 | 2 | 8 | 3 | 1 | 7 | 5 | 4 | 6 |
| 3 | 8 | 5 | 2 | 4 | 1 | 6 | 7 | 9 |
| 1 | 9 | 2 | 7 | 6 | 3 | 4 | 8 | 5 |
| 7 | 6 | 4 | 5 | 9 | 8 | 3 | 2 | 1 |

## SUDOKU 6

| | | | | | | | | |
|---|---|---|---|---|---|---|---|---|
| 5 | 4 | 2 | 9 | 7 | 8 | 1 | 6 | 3 |
| 6 | 9 | 8 | 2 | 1 | 3 | 5 | 4 | 7 |
| 7 | 3 | 1 | 6 | 4 | 5 | 9 | 8 | 2 |
| 2 | 8 | 7 | 1 | 9 | 6 | 4 | 3 | 5 |
| 4 | 5 | 6 | 3 | 8 | 7 | 2 | 9 | 1 |
| 9 | 1 | 3 | 4 | 5 | 2 | 8 | 7 | 6 |
| 1 | 6 | 9 | 5 | 3 | 4 | 7 | 2 | 8 |
| 3 | 7 | 5 | 8 | 2 | 9 | 6 | 1 | 4 |
| 8 | 2 | 4 | 7 | 6 | 1 | 3 | 5 | 9 |

## SUDOKU 7

| | | | | | | | | |
|---|---|---|---|---|---|---|---|---|
| 2 | 5 | 4 | 6 | 9 | 1 | 8 | 7 | 3 |
| 6 | 7 | 9 | 2 | 8 | 3 | 1 | 5 | 4 |
| 8 | 1 | 3 | 4 | 7 | 5 | 2 | 9 | 6 |
| 9 | 3 | 5 | 8 | 2 | 4 | 6 | 1 | 7 |
| 4 | 6 | 1 | 9 | 5 | 7 | 3 | 2 | 8 |
| 7 | 2 | 8 | 3 | 1 | 6 | 5 | 4 | 9 |
| 5 | 8 | 6 | 1 | 4 | 9 | 7 | 3 | 2 |
| 3 | 4 | 7 | 5 | 6 | 2 | 9 | 8 | 1 |
| 1 | 9 | 2 | 7 | 3 | 8 | 4 | 6 | 5 |

## SUDOKU 8

| | | | | | | | | |
|---|---|---|---|---|---|---|---|---|
| 7 | 6 | 8 | 2 | 5 | 9 | 4 | 1 | 3 |
| 4 | 3 | 5 | 6 | 8 | 1 | 2 | 7 | 9 |
| 1 | 9 | 2 | 7 | 3 | 4 | 6 | 5 | 8 |
| 2 | 7 | 9 | 4 | 6 | 5 | 3 | 8 | 1 |
| 8 | 4 | 3 | 9 | 1 | 2 | 5 | 6 | 7 |
| 6 | 5 | 1 | 8 | 7 | 3 | 9 | 4 | 2 |
| 9 | 2 | 7 | 5 | 4 | 8 | 1 | 3 | 6 |
| 5 | 1 | 6 | 3 | 2 | 7 | 8 | 9 | 4 |
| 3 | 8 | 4 | 1 | 9 | 6 | 7 | 2 | 5 |

## SUDOKU 9

| | | | | | | | | |
|---|---|---|---|---|---|---|---|---|
| 2 | 5 | 8 | 6 | 3 | 7 | 1 | 4 | 9 |
| 4 | 9 | 3 | 1 | 2 | 8 | 6 | 7 | 5 |
| 6 | 7 | 1 | 4 | 9 | 5 | 8 | 2 | 3 |
| 7 | 4 | 9 | 2 | 6 | 3 | 5 | 8 | 1 |
| 5 | 3 | 6 | 8 | 4 | 1 | 7 | 9 | 2 |
| 8 | 1 | 2 | 7 | 5 | 9 | 4 | 3 | 6 |
| 3 | 8 | 7 | 9 | 1 | 6 | 2 | 5 | 4 |
| 1 | 2 | 5 | 3 | 7 | 4 | 9 | 6 | 8 |
| 9 | 6 | 4 | 5 | 8 | 2 | 3 | 1 | 7 |

## SUDOKU 10

| | | | | | | | | |
|---|---|---|---|---|---|---|---|---|
| 4 | 9 | 3 | 7 | 8 | 2 | 6 | 5 | 1 |
| 2 | 7 | 6 | 9 | 5 | 1 | 8 | 4 | 3 |
| 8 | 5 | 1 | 6 | 3 | 4 | 7 | 2 | 9 |
| 1 | 6 | 5 | 4 | 9 | 8 | 2 | 3 | 7 |
| 9 | 2 | 4 | 5 | 7 | 3 | 1 | 8 | 6 |
| 3 | 8 | 7 | 2 | 1 | 6 | 4 | 9 | 5 |
| 5 | 3 | 2 | 1 | 4 | 7 | 9 | 6 | 8 |
| 7 | 4 | 9 | 8 | 6 | 5 | 3 | 1 | 2 |
| 6 | 1 | 8 | 3 | 2 | 9 | 5 | 7 | 4 |

## SUDOKU 11

| | | | | | | | | |
|---|---|---|---|---|---|---|---|---|
| 6 | 1 | 4 | 9 | 2 | 8 | 7 | 5 | 3 |
| 9 | 3 | 8 | 5 | 7 | 4 | 2 | 1 | 6 |
| 2 | 7 | 5 | 6 | 3 | 1 | 4 | 9 | 8 |
| 8 | 6 | 2 | 7 | 9 | 3 | 1 | 4 | 5 |
| 5 | 4 | 7 | 2 | 1 | 6 | 8 | 3 | 9 |
| 1 | 9 | 3 | 4 | 8 | 5 | 6 | 2 | 7 |
| 3 | 2 | 6 | 8 | 4 | 9 | 5 | 7 | 1 |
| 7 | 8 | 9 | 1 | 5 | 2 | 3 | 6 | 4 |
| 4 | 5 | 1 | 3 | 6 | 7 | 9 | 8 | 2 |

## SUDOKU 12

| | | | | | | | | |
|---|---|---|---|---|---|---|---|---|
| 3 | 8 | 9 | 6 | 1 | 2 | 7 | 5 | 4 |
| 1 | 2 | 7 | 5 | 3 | 4 | 6 | 9 | 8 |
| 4 | 5 | 6 | 7 | 8 | 9 | 2 | 3 | 1 |
| 7 | 1 | 5 | 3 | 9 | 6 | 8 | 4 | 2 |
| 6 | 9 | 4 | 8 | 2 | 1 | 5 | 7 | 3 |
| 8 | 3 | 2 | 4 | 7 | 5 | 9 | 1 | 6 |
| 2 | 7 | 8 | 1 | 5 | 3 | 4 | 6 | 9 |
| 5 | 4 | 3 | 9 | 6 | 8 | 1 | 2 | 7 |
| 9 | 6 | 1 | 2 | 4 | 7 | 3 | 8 | 5 |

## SUDOKU 13

| | | | | | | | | |
|---|---|---|---|---|---|---|---|---|
| 3 | 4 | 8 | 5 | 7 | 9 | 2 | 1 | 6 |
| 2 | 5 | 1 | 6 | 4 | 8 | 3 | 7 | 9 |
| 6 | 7 | 9 | 3 | 1 | 2 | 4 | 8 | 5 |
| 1 | 3 | 2 | 4 | 5 | 6 | 8 | 9 | 7 |
| 9 | 6 | 4 | 1 | 8 | 7 | 5 | 3 | 2 |
| 5 | 8 | 7 | 9 | 2 | 3 | 6 | 4 | 1 |
| 7 | 1 | 5 | 8 | 6 | 4 | 9 | 2 | 3 |
| 8 | 9 | 6 | 2 | 3 | 1 | 7 | 5 | 4 |
| 4 | 2 | 3 | 7 | 9 | 5 | 1 | 6 | 8 |

## SUDOKU 14

| | | | | | | | | |
|---|---|---|---|---|---|---|---|---|
| 2 | 6 | 4 | 7 | 9 | 5 | 8 | 3 | 1 |
| 8 | 5 | 7 | 4 | 1 | 3 | 9 | 6 | 2 |
| 9 | 1 | 3 | 6 | 8 | 2 | 5 | 7 | 4 |
| 7 | 9 | 2 | 3 | 5 | 8 | 4 | 1 | 6 |
| 4 | 3 | 1 | 9 | 2 | 6 | 7 | 8 | 5 |
| 6 | 8 | 5 | 1 | 7 | 4 | 3 | 2 | 9 |
| 1 | 7 | 8 | 2 | 4 | 9 | 6 | 5 | 3 |
| 3 | 2 | 9 | 5 | 6 | 7 | 1 | 4 | 8 |
| 5 | 4 | 6 | 8 | 3 | 1 | 2 | 9 | 7 |

## SUDOKU 15

| | | | | | | | | |
|---|---|---|---|---|---|---|---|---|
| 3 | 1 | 9 | 6 | 7 | 2 | 4 | 5 | 8 |
| 7 | 4 | 2 | 5 | 8 | 9 | 3 | 1 | 6 |
| 8 | 5 | 6 | 3 | 1 | 4 | 2 | 9 | 7 |
| 9 | 6 | 4 | 8 | 2 | 1 | 5 | 7 | 3 |
| 2 | 8 | 3 | 7 | 4 | 5 | 1 | 6 | 9 |
| 1 | 7 | 5 | 9 | 3 | 6 | 8 | 4 | 2 |
| 5 | 2 | 7 | 4 | 6 | 8 | 9 | 3 | 1 |
| 6 | 9 | 1 | 2 | 5 | 3 | 7 | 8 | 4 |
| 4 | 3 | 8 | 1 | 9 | 7 | 6 | 2 | 5 |

## SUDOKU 16

| | | | | | | | | |
|---|---|---|---|---|---|---|---|---|
| 8 | 3 | 4 | 1 | 2 | 6 | 7 | 5 | 9 |
| 6 | 1 | 9 | 5 | 7 | 3 | 2 | 8 | 4 |
| 2 | 5 | 7 | 4 | 9 | 8 | 6 | 1 | 3 |
| 3 | 8 | 6 | 9 | 5 | 1 | 4 | 2 | 7 |
| 1 | 9 | 2 | 3 | 4 | 7 | 5 | 6 | 8 |
| 7 | 4 | 5 | 8 | 6 | 2 | 3 | 9 | 1 |
| 5 | 6 | 1 | 7 | 8 | 4 | 9 | 3 | 2 |
| 9 | 7 | 8 | 2 | 3 | 5 | 1 | 4 | 6 |
| 4 | 2 | 3 | 6 | 1 | 9 | 8 | 7 | 5 |

## SUDOKU 17

| | | | | | | | | |
|---|---|---|---|---|---|---|---|---|
| 3 | 1 | 9 | 6 | 7 | 2 | 4 | 5 | 8 |
| 7 | 4 | 2 | 5 | 8 | 9 | 3 | 1 | 6 |
| 8 | 5 | 6 | 3 | 1 | 4 | 2 | 9 | 7 |
| 9 | 6 | 4 | 8 | 2 | 1 | 5 | 7 | 3 |
| 2 | 8 | 3 | 7 | 4 | 5 | 1 | 6 | 9 |
| 1 | 7 | 5 | 9 | 3 | 6 | 8 | 4 | 2 |
| 5 | 2 | 7 | 4 | 6 | 8 | 9 | 3 | 1 |
| 6 | 9 | 1 | 2 | 5 | 3 | 7 | 8 | 4 |
| 4 | 3 | 8 | 1 | 9 | 7 | 6 | 2 | 5 |

## SUDOKU 18

| | | | | | | | | |
|---|---|---|---|---|---|---|---|---|
| 7 | 1 | 9 | 4 | 3 | 5 | 2 | 6 | 8 |
| 8 | 5 | 3 | 7 | 2 | 6 | 9 | 1 | 4 |
| 2 | 4 | 6 | 9 | 1 | 8 | 5 | 7 | 3 |
| 1 | 7 | 8 | 3 | 5 | 2 | 4 | 9 | 6 |
| 5 | 6 | 4 | 1 | 9 | 7 | 8 | 3 | 2 |
| 9 | 3 | 2 | 8 | 6 | 4 | 7 | 5 | 1 |
| 6 | 9 | 7 | 2 | 8 | 1 | 3 | 4 | 5 |
| 4 | 8 | 1 | 5 | 7 | 3 | 6 | 2 | 9 |
| 3 | 2 | 5 | 6 | 4 | 9 | 1 | 8 | 7 |

## SUDOKU 19

| | | | | | | | | |
|---|---|---|---|---|---|---|---|---|
| 6 | 1 | 5 | 8 | 4 | 2 | 3 | 7 | 9 |
| 7 | 4 | 8 | 3 | 9 | 6 | 5 | 1 | 2 |
| 2 | 9 | 3 | 5 | 1 | 7 | 6 | 4 | 8 |
| 9 | 5 | 4 | 7 | 6 | 1 | 8 | 2 | 3 |
| 1 | 3 | 7 | 9 | 2 | 8 | 4 | 6 | 5 |
| 8 | 6 | 2 | 4 | 5 | 3 | 1 | 9 | 7 |
| 3 | 8 | 6 | 2 | 7 | 4 | 9 | 5 | 1 |
| 4 | 2 | 9 | 1 | 3 | 5 | 7 | 8 | 6 |
| 5 | 7 | 1 | 6 | 8 | 9 | 2 | 3 | 4 |

## SUDOKU 20

| | | | | | | | | |
|---|---|---|---|---|---|---|---|---|
| 5 | 4 | 8 | 3 | 1 | 6 | 7 | 9 | 2 |
| 9 | 3 | 7 | 4 | 8 | 2 | 6 | 5 | 1 |
| 2 | 1 | 6 | 7 | 5 | 9 | 4 | 8 | 3 |
| 3 | 5 | 1 | 6 | 2 | 4 | 8 | 7 | 9 |
| 4 | 7 | 2 | 8 | 9 | 5 | 1 | 3 | 6 |
| 6 | 8 | 9 | 1 | 3 | 7 | 5 | 2 | 4 |
| 8 | 2 | 3 | 5 | 6 | 1 | 9 | 4 | 7 |
| 7 | 6 | 5 | 9 | 4 | 3 | 2 | 1 | 8 |
| 1 | 9 | 4 | 2 | 7 | 8 | 3 | 6 | 5 |

## SUDOKU 21

| | | | | | | | | |
|---|---|---|---|---|---|---|---|---|
| 6 | 1 | 5 | 9 | 7 | 3 | 8 | 4 | 2 |
| 8 | 4 | 7 | 2 | 6 | 5 | 1 | 9 | 3 |
| 9 | 3 | 2 | 1 | 4 | 8 | 7 | 5 | 6 |
| 1 | 6 | 3 | 7 | 2 | 4 | 9 | 8 | 5 |
| 7 | 5 | 8 | 3 | 1 | 9 | 6 | 2 | 4 |
| 2 | 9 | 4 | 5 | 8 | 6 | 3 | 7 | 1 |
| 3 | 7 | 1 | 4 | 9 | 2 | 5 | 6 | 8 |
| 5 | 2 | 6 | 8 | 3 | 7 | 4 | 1 | 9 |
| 4 | 8 | 9 | 6 | 5 | 1 | 2 | 3 | 7 |

## SUDOKU 22

| | | | | | | | | |
|---|---|---|---|---|---|---|---|---|
| 8 | 6 | 4 | 9 | 1 | 2 | 5 | 7 | 3 |
| 3 | 5 | 1 | 4 | 6 | 7 | 2 | 8 | 9 |
| 9 | 7 | 2 | 5 | 8 | 3 | 1 | 6 | 4 |
| 7 | 8 | 3 | 6 | 4 | 5 | 9 | 1 | 2 |
| 6 | 2 | 9 | 3 | 7 | 1 | 8 | 4 | 5 |
| 1 | 4 | 5 | 2 | 9 | 8 | 6 | 3 | 7 |
| 2 | 3 | 8 | 1 | 5 | 4 | 7 | 9 | 6 |
| 5 | 9 | 7 | 8 | 3 | 6 | 4 | 2 | 1 |
| 4 | 1 | 6 | 7 | 2 | 9 | 3 | 5 | 8 |

## SUDOKU 23

| | | | | | | | | |
|---|---|---|---|---|---|---|---|---|
| 8 | 4 | 7 | 6 | 9 | 3 | 2 | 1 | 5 |
| 5 | 6 | 3 | 1 | 2 | 8 | 7 | 9 | 4 |
| 1 | 9 | 2 | 5 | 7 | 4 | 6 | 8 | 3 |
| 4 | 2 | 5 | 3 | 8 | 9 | 1 | 6 | 7 |
| 3 | 7 | 1 | 4 | 6 | 2 | 8 | 5 | 9 |
| 9 | 8 | 6 | 7 | 1 | 5 | 3 | 4 | 2 |
| 7 | 5 | 9 | 8 | 3 | 6 | 4 | 2 | 1 |
| 6 | 1 | 4 | 2 | 5 | 7 | 9 | 3 | 8 |
| 2 | 3 | 8 | 9 | 4 | 1 | 5 | 7 | 6 |

## SUDOKU 24

| | | | | | | | | |
|---|---|---|---|---|---|---|---|---|
| 2 | 6 | 1 | 9 | 3 | 4 | 8 | 5 | 7 |
| 4 | 5 | 7 | 2 | 8 | 6 | 9 | 1 | 3 |
| 8 | 3 | 9 | 5 | 1 | 7 | 6 | 4 | 2 |
| 6 | 2 | 8 | 4 | 7 | 9 | 5 | 3 | 1 |
| 5 | 7 | 3 | 1 | 6 | 8 | 2 | 9 | 4 |
| 1 | 9 | 4 | 3 | 2 | 5 | 7 | 6 | 8 |
| 9 | 4 | 2 | 7 | 5 | 3 | 1 | 8 | 6 |
| 3 | 1 | 6 | 8 | 9 | 2 | 4 | 7 | 5 |
| 7 | 8 | 5 | 6 | 4 | 1 | 3 | 2 | 9 |

## SUDOKU 25

| | | | | | | | | |
|---|---|---|---|---|---|---|---|---|
| 6 | 2 | 1 | 8 | 9 | 3 | 4 | 5 | 7 |
| 8 | 7 | 5 | 2 | 4 | 1 | 3 | 9 | 6 |
| 3 | 9 | 4 | 6 | 5 | 7 | 2 | 1 | 8 |
| 4 | 8 | 2 | 3 | 6 | 5 | 9 | 7 | 1 |
| 9 | 3 | 6 | 7 | 1 | 4 | 5 | 8 | 2 |
| 1 | 5 | 7 | 9 | 8 | 2 | 6 | 4 | 3 |
| 2 | 1 | 8 | 4 | 3 | 9 | 7 | 6 | 5 |
| 7 | 6 | 9 | 5 | 2 | 8 | 1 | 3 | 4 |
| 5 | 4 | 3 | 1 | 7 | 6 | 8 | 2 | 9 |

## SUDOKU 26

| | | | | | | | | |
|---|---|---|---|---|---|---|---|---|
| 9 | 1 | 2 | 8 | 5 | 4 | 6 | 3 | 7 |
| 4 | 5 | 7 | 2 | 6 | 3 | 9 | 8 | 1 |
| 3 | 8 | 6 | 9 | 7 | 1 | 2 | 4 | 5 |
| 7 | 3 | 8 | 5 | 4 | 9 | 1 | 6 | 2 |
| 6 | 9 | 1 | 7 | 2 | 8 | 4 | 5 | 3 |
| 5 | 2 | 4 | 3 | 1 | 6 | 8 | 7 | 9 |
| 8 | 6 | 9 | 1 | 3 | 5 | 7 | 2 | 4 |
| 2 | 4 | 3 | 6 | 9 | 7 | 5 | 1 | 8 |
| 1 | 7 | 5 | 4 | 8 | 2 | 3 | 9 | 6 |

## SUDOKU 27

| | | | | | | | | |
|---|---|---|---|---|---|---|---|---|
| 4 | 2 | 7 | 5 | 8 | 6 | 3 | 9 | 1 |
| 8 | 1 | 9 | 3 | 4 | 2 | 5 | 6 | 7 |
| 6 | 3 | 5 | 7 | 9 | 1 | 8 | 2 | 4 |
| 1 | 7 | 3 | 8 | 2 | 4 | 6 | 5 | 9 |
| 2 | 5 | 4 | 6 | 3 | 9 | 7 | 1 | 8 |
| 9 | 8 | 6 | 1 | 5 | 7 | 2 | 4 | 3 |
| 5 | 6 | 8 | 9 | 1 | 3 | 4 | 7 | 2 |
| 3 | 4 | 1 | 2 | 7 | 5 | 9 | 8 | 6 |
| 7 | 9 | 2 | 4 | 6 | 8 | 1 | 3 | 5 |

## SUDOKU 28

| | | | | | | | | |
|---|---|---|---|---|---|---|---|---|
| 8 | 6 | 9 | 2 | 1 | 4 | 7 | 3 | 5 |
| 4 | 1 | 7 | 5 | 3 | 6 | 2 | 9 | 8 |
| 2 | 3 | 5 | 9 | 8 | 7 | 4 | 1 | 6 |
| 9 | 7 | 6 | 3 | 4 | 8 | 5 | 2 | 1 |
| 3 | 4 | 2 | 1 | 9 | 5 | 6 | 8 | 7 |
| 5 | 8 | 1 | 6 | 7 | 2 | 9 | 4 | 3 |
| 6 | 5 | 4 | 8 | 2 | 3 | 1 | 7 | 9 |
| 7 | 9 | 8 | 4 | 5 | 1 | 3 | 6 | 2 |
| 1 | 2 | 3 | 7 | 6 | 9 | 8 | 5 | 4 |

## SUDOKU 29

| | | | | | | | | |
|---|---|---|---|---|---|---|---|---|
| 1 | 4 | 3 | 7 | 8 | 2 | 5 | 9 | 6 |
| 5 | 2 | 6 | 3 | 1 | 9 | 8 | 4 | 7 |
| 9 | 7 | 8 | 5 | 4 | 6 | 2 | 3 | 1 |
| 8 | 1 | 9 | 6 | 2 | 5 | 3 | 7 | 4 |
| 3 | 6 | 7 | 8 | 9 | 4 | 1 | 5 | 2 |
| 2 | 5 | 4 | 1 | 7 | 3 | 6 | 8 | 9 |
| 6 | 8 | 2 | 4 | 5 | 7 | 9 | 1 | 3 |
| 7 | 3 | 1 | 9 | 6 | 8 | 4 | 2 | 5 |
| 4 | 9 | 5 | 2 | 3 | 1 | 7 | 6 | 8 |

## SUDOKU 30

| | | | | | | | | |
|---|---|---|---|---|---|---|---|---|
| 6 | 7 | 1 | 8 | 2 | 3 | 9 | 5 | 4 |
| 5 | 2 | 9 | 6 | 7 | 4 | 8 | 1 | 3 |
| 3 | 8 | 4 | 5 | 1 | 9 | 2 | 7 | 6 |
| 2 | 1 | 3 | 7 | 5 | 8 | 4 | 6 | 9 |
| 9 | 4 | 5 | 1 | 3 | 6 | 7 | 2 | 8 |
| 8 | 6 | 7 | 9 | 4 | 2 | 1 | 3 | 5 |
| 1 | 9 | 8 | 2 | 6 | 5 | 3 | 4 | 7 |
| 7 | 3 | 6 | 4 | 8 | 1 | 5 | 9 | 2 |
| 4 | 5 | 2 | 3 | 9 | 7 | 6 | 8 | 1 |

## SUDOKU 31

| | | | | | | | | |
|---|---|---|---|---|---|---|---|---|
| 2 | 8 | 6 | 4 | 1 | 5 | 3 | 9 | 7 |
| 9 | 7 | 5 | 2 | 3 | 8 | 1 | 4 | 6 |
| 3 | 4 | 1 | 7 | 6 | 9 | 8 | 5 | 2 |
| 1 | 6 | 2 | 5 | 9 | 4 | 7 | 3 | 8 |
| 7 | 3 | 9 | 6 | 8 | 2 | 5 | 1 | 4 |
| 4 | 5 | 8 | 1 | 7 | 3 | 2 | 6 | 9 |
| 5 | 2 | 3 | 8 | 4 | 6 | 9 | 7 | 1 |
| 8 | 1 | 4 | 9 | 5 | 7 | 6 | 2 | 3 |
| 6 | 9 | 7 | 3 | 2 | 1 | 4 | 8 | 5 |

## SUDOKU 32

| | | | | | | | | |
|---|---|---|---|---|---|---|---|---|
| 7 | 8 | 9 | 3 | 5 | 2 | 1 | 6 | 4 |
| 3 | 1 | 4 | 6 | 8 | 9 | 2 | 5 | 7 |
| 6 | 5 | 2 | 7 | 1 | 4 | 3 | 8 | 9 |
| 5 | 3 | 1 | 9 | 4 | 8 | 7 | 2 | 6 |
| 4 | 2 | 7 | 5 | 6 | 3 | 8 | 9 | 1 |
| 9 | 6 | 8 | 1 | 2 | 7 | 5 | 4 | 3 |
| 1 | 9 | 5 | 8 | 7 | 6 | 4 | 3 | 2 |
| 8 | 4 | 6 | 2 | 3 | 1 | 9 | 7 | 5 |
| 2 | 7 | 3 | 4 | 9 | 5 | 6 | 1 | 8 |

## SUDOKU 33

| | | | | | | | | |
|---|---|---|---|---|---|---|---|---|
| 1 | 5 | 8 | 2 | 9 | 7 | 6 | 3 | 4 |
| 7 | 6 | 9 | 3 | 4 | 5 | 1 | 8 | 2 |
| 2 | 3 | 4 | 8 | 1 | 6 | 9 | 5 | 7 |
| 6 | 2 | 5 | 4 | 7 | 1 | 8 | 9 | 3 |
| 8 | 4 | 7 | 9 | 6 | 3 | 2 | 1 | 5 |
| 3 | 9 | 1 | 5 | 2 | 8 | 7 | 4 | 6 |
| 4 | 1 | 6 | 7 | 3 | 9 | 5 | 2 | 8 |
| 5 | 7 | 3 | 1 | 8 | 2 | 4 | 6 | 9 |
| 9 | 8 | 2 | 6 | 5 | 4 | 3 | 7 | 1 |

## SUDOKU 34

| | | | | | | | | |
|---|---|---|---|---|---|---|---|---|
| 9 | 1 | 4 | 6 | 2 | 8 | 3 | 7 | 5 |
| 7 | 3 | 8 | 1 | 4 | 5 | 2 | 6 | 9 |
| 6 | 5 | 2 | 9 | 7 | 3 | 4 | 8 | 1 |
| 3 | 8 | 9 | 7 | 1 | 4 | 6 | 5 | 2 |
| 5 | 7 | 1 | 2 | 3 | 6 | 9 | 4 | 8 |
| 4 | 2 | 6 | 5 | 8 | 9 | 1 | 3 | 7 |
| 8 | 6 | 7 | 3 | 9 | 1 | 5 | 2 | 4 |
| 2 | 9 | 5 | 4 | 6 | 7 | 8 | 1 | 3 |
| 1 | 4 | 3 | 8 | 5 | 2 | 7 | 9 | 6 |

## SUDOKU 35

| | | | | | | | | |
|---|---|---|---|---|---|---|---|---|
| 2 | 6 | 8 | 7 | 3 | 1 | 4 | 9 | 5 |
| 4 | 9 | 7 | 5 | 8 | 6 | 2 | 3 | 1 |
| 1 | 5 | 3 | 4 | 2 | 9 | 7 | 6 | 8 |
| 3 | 7 | 5 | 1 | 6 | 4 | 8 | 2 | 9 |
| 6 | 4 | 2 | 8 | 9 | 3 | 5 | 1 | 7 |
| 8 | 1 | 9 | 2 | 5 | 7 | 3 | 4 | 6 |
| 7 | 3 | 1 | 9 | 4 | 8 | 6 | 5 | 2 |
| 5 | 8 | 4 | 6 | 1 | 2 | 9 | 7 | 3 |
| 9 | 2 | 6 | 3 | 7 | 5 | 1 | 8 | 4 |

## SUDOKU 36

| | | | | | | | | |
|---|---|---|---|---|---|---|---|---|
| 9 | 1 | 2 | 4 | 5 | 8 | 7 | 3 | 6 |
| 6 | 5 | 4 | 1 | 7 | 3 | 2 | 8 | 9 |
| 7 | 8 | 3 | 9 | 6 | 2 | 4 | 5 | 1 |
| 4 | 6 | 8 | 7 | 2 | 1 | 3 | 9 | 5 |
| 3 | 2 | 9 | 5 | 4 | 6 | 8 | 1 | 7 |
| 5 | 7 | 1 | 8 | 3 | 9 | 6 | 4 | 2 |
| 8 | 4 | 5 | 6 | 9 | 7 | 1 | 2 | 3 |
| 2 | 9 | 7 | 3 | 1 | 4 | 5 | 6 | 8 |
| 1 | 3 | 6 | 2 | 8 | 5 | 9 | 7 | 4 |

## SUDOKU 37

| | | | | | | | | |
|---|---|---|---|---|---|---|---|---|
| 7 | 2 | 5 | 1 | 8 | 6 | 9 | 4 | 3 |
| 6 | 4 | 1 | 9 | 3 | 7 | 2 | 5 | 8 |
| 8 | 9 | 3 | 5 | 4 | 2 | 7 | 1 | 6 |
| 4 | 1 | 7 | 3 | 2 | 5 | 8 | 6 | 9 |
| 5 | 8 | 2 | 6 | 1 | 9 | 3 | 7 | 4 |
| 9 | 3 | 6 | 4 | 7 | 8 | 1 | 2 | 5 |
| 1 | 5 | 8 | 7 | 6 | 3 | 4 | 9 | 2 |
| 2 | 7 | 9 | 8 | 5 | 4 | 6 | 3 | 1 |
| 3 | 6 | 4 | 2 | 9 | 1 | 5 | 8 | 7 |

## SUDOKU 38

| | | | | | | | | |
|---|---|---|---|---|---|---|---|---|
| 3 | 8 | 6 | 9 | 5 | 4 | 7 | 2 | 1 |
| 2 | 9 | 5 | 8 | 1 | 7 | 4 | 6 | 3 |
| 7 | 4 | 1 | 6 | 2 | 3 | 9 | 8 | 5 |
| 6 | 3 | 9 | 1 | 7 | 5 | 8 | 4 | 2 |
| 8 | 1 | 7 | 2 | 4 | 6 | 3 | 5 | 9 |
| 5 | 2 | 4 | 3 | 9 | 8 | 1 | 7 | 6 |
| 1 | 5 | 8 | 7 | 3 | 2 | 6 | 9 | 4 |
| 9 | 6 | 2 | 4 | 8 | 1 | 5 | 3 | 7 |
| 4 | 7 | 3 | 5 | 6 | 9 | 2 | 1 | 8 |

## SUDOKU 39

| | | | | | | | | |
|---|---|---|---|---|---|---|---|---|
| 7 | 8 | 1 | 9 | 6 | 4 | 5 | 2 | 3 |
| 5 | 3 | 9 | 2 | 7 | 8 | 4 | 1 | 6 |
| 6 | 4 | 2 | 5 | 3 | 1 | 9 | 7 | 8 |
| 2 | 1 | 4 | 3 | 5 | 9 | 6 | 8 | 7 |
| 8 | 6 | 3 | 7 | 4 | 2 | 1 | 5 | 9 |
| 9 | 5 | 7 | 1 | 8 | 6 | 2 | 3 | 4 |
| 1 | 7 | 8 | 4 | 9 | 5 | 3 | 6 | 2 |
| 4 | 2 | 6 | 8 | 1 | 3 | 7 | 9 | 5 |
| 3 | 9 | 5 | 6 | 2 | 7 | 8 | 4 | 1 |

## SUDOKU 40

| | | | | | | | | |
|---|---|---|---|---|---|---|---|---|
| 5 | 3 | 1 | 6 | 8 | 7 | 4 | 2 | 9 |
| 2 | 4 | 6 | 1 | 3 | 9 | 8 | 5 | 7 |
| 9 | 8 | 7 | 2 | 5 | 4 | 1 | 3 | 6 |
| 1 | 9 | 2 | 3 | 7 | 5 | 6 | 4 | 8 |
| 6 | 5 | 4 | 8 | 9 | 1 | 3 | 7 | 2 |
| 8 | 7 | 3 | 4 | 6 | 2 | 5 | 9 | 1 |
| 3 | 6 | 9 | 5 | 2 | 8 | 7 | 1 | 4 |
| 4 | 2 | 5 | 7 | 1 | 6 | 9 | 8 | 3 |
| 7 | 1 | 8 | 9 | 4 | 3 | 2 | 6 | 5 |

## SUDOKU 41

| | | | | | | | | |
|---|---|---|---|---|---|---|---|---|
| 7 | 6 | 4 | 3 | 5 | 8 | 1 | 2 | 9 |
| 3 | 2 | 8 | 1 | 6 | 9 | 4 | 7 | 5 |
| 1 | 5 | 9 | 7 | 2 | 4 | 6 | 3 | 8 |
| 6 | 1 | 2 | 9 | 7 | 3 | 5 | 8 | 4 |
| 9 | 4 | 3 | 5 | 8 | 2 | 7 | 1 | 6 |
| 5 | 8 | 7 | 4 | 1 | 6 | 3 | 9 | 2 |
| 8 | 3 | 5 | 2 | 4 | 1 | 9 | 6 | 7 |
| 4 | 9 | 6 | 8 | 3 | 7 | 2 | 5 | 1 |
| 2 | 7 | 1 | 6 | 9 | 5 | 8 | 4 | 3 |

## SUDOKU 42

| | | | | | | | | |
|---|---|---|---|---|---|---|---|---|
| 3 | 7 | 4 | 8 | 5 | 9 | 2 | 1 | 6 |
| 6 | 1 | 9 | 2 | 4 | 7 | 8 | 3 | 5 |
| 2 | 5 | 8 | 3 | 1 | 6 | 4 | 7 | 9 |
| 9 | 4 | 7 | 6 | 8 | 2 | 3 | 5 | 1 |
| 5 | 2 | 3 | 4 | 9 | 1 | 6 | 8 | 7 |
| 1 | 8 | 6 | 7 | 3 | 5 | 9 | 2 | 4 |
| 8 | 3 | 1 | 5 | 6 | 4 | 7 | 9 | 2 |
| 7 | 6 | 5 | 9 | 2 | 3 | 1 | 4 | 8 |
| 4 | 9 | 2 | 1 | 7 | 8 | 5 | 6 | 3 |

**SUDOKU 43**

| | | | | | | | | |
|---|---|---|---|---|---|---|---|---|
| 2 | 6 | 9 | 8 | 1 | 7 | 3 | 4 | 5 |
| 1 | 7 | 5 | 9 | 3 | 4 | 2 | 8 | 6 |
| 8 | 3 | 4 | 2 | 6 | 5 | 9 | 1 | 7 |
| 9 | 8 | 7 | 3 | 2 | 1 | 6 | 5 | 4 |
| 5 | 4 | 3 | 7 | 9 | 6 | 8 | 2 | 1 |
| 6 | 1 | 2 | 5 | 4 | 8 | 7 | 9 | 3 |
| 7 | 2 | 6 | 1 | 5 | 9 | 4 | 3 | 8 |
| 4 | 9 | 1 | 6 | 8 | 3 | 5 | 7 | 2 |
| 3 | 5 | 8 | 4 | 7 | 2 | 1 | 6 | 9 |

**SUDOKU 44**

| | | | | | | | | |
|---|---|---|---|---|---|---|---|---|
| 8 | 5 | 1 | 4 | 7 | 6 | 3 | 2 | 9 |
| 4 | 7 | 2 | 5 | 3 | 9 | 8 | 6 | 1 |
| 9 | 3 | 6 | 1 | 8 | 2 | 5 | 4 | 7 |
| 3 | 9 | 7 | 2 | 5 | 1 | 6 | 8 | 4 |
| 1 | 2 | 8 | 3 | 6 | 4 | 7 | 9 | 5 |
| 6 | 4 | 5 | 8 | 9 | 7 | 2 | 1 | 3 |
| 2 | 8 | 9 | 7 | 1 | 5 | 4 | 3 | 6 |
| 7 | 6 | 4 | 9 | 2 | 3 | 1 | 5 | 8 |
| 5 | 1 | 3 | 6 | 4 | 8 | 9 | 7 | 2 |

## SUDOKU 45

| | | | | | | | | |
|---|---|---|---|---|---|---|---|---|
| 3 | 9 | 8 | 4 | 6 | 2 | 5 | 1 | 7 |
| 1 | 4 | 6 | 5 | 7 | 3 | 9 | 2 | 8 |
| 5 | 7 | 2 | 8 | 1 | 9 | 6 | 4 | 3 |
| 7 | 5 | 1 | 2 | 4 | 8 | 3 | 9 | 6 |
| 4 | 8 | 9 | 6 | 3 | 1 | 2 | 7 | 5 |
| 2 | 6 | 3 | 7 | 9 | 5 | 1 | 8 | 4 |
| 9 | 3 | 5 | 1 | 8 | 7 | 4 | 6 | 2 |
| 6 | 2 | 7 | 9 | 5 | 4 | 8 | 3 | 1 |
| 8 | 1 | 4 | 3 | 2 | 6 | 7 | 5 | 9 |

## SUDOKU 46

| | | | | | | | | |
|---|---|---|---|---|---|---|---|---|
| 5 | 2 | 1 | 8 | 9 | 4 | 7 | 6 | 3 |
| 3 | 8 | 9 | 2 | 6 | 7 | 4 | 5 | 1 |
| 7 | 4 | 6 | 1 | 3 | 5 | 8 | 9 | 2 |
| 4 | 7 | 5 | 9 | 1 | 8 | 3 | 2 | 6 |
| 8 | 1 | 3 | 4 | 2 | 6 | 9 | 7 | 5 |
| 6 | 9 | 2 | 7 | 5 | 3 | 1 | 4 | 8 |
| 9 | 3 | 4 | 5 | 8 | 2 | 6 | 1 | 7 |
| 2 | 6 | 7 | 3 | 4 | 1 | 5 | 8 | 9 |
| 1 | 5 | 8 | 6 | 7 | 9 | 2 | 3 | 4 |

## SUDOKU 47

| | | | | | | | | |
|---|---|---|---|---|---|---|---|---|
| 3 | 2 | 1 | 9 | 4 | 8 | 7 | 5 | 6 |
| 7 | 6 | 9 | 3 | 1 | 5 | 4 | 2 | 8 |
| 4 | 5 | 8 | 7 | 6 | 2 | 9 | 1 | 3 |
| 5 | 8 | 7 | 4 | 9 | 6 | 2 | 3 | 1 |
| 9 | 1 | 2 | 5 | 8 | 3 | 6 | 4 | 7 |
| 6 | 4 | 3 | 2 | 7 | 1 | 8 | 9 | 5 |
| 2 | 7 | 6 | 1 | 3 | 9 | 5 | 8 | 4 |
| 8 | 3 | 5 | 6 | 2 | 4 | 1 | 7 | 9 |
| 1 | 9 | 4 | 8 | 5 | 7 | 3 | 6 | 2 |

## SUDOKU 48

| | | | | | | | | |
|---|---|---|---|---|---|---|---|---|
| 9 | 4 | 7 | 8 | 1 | 5 | 6 | 3 | 2 |
| 6 | 2 | 1 | 4 | 7 | 3 | 9 | 5 | 8 |
| 5 | 3 | 8 | 6 | 9 | 2 | 7 | 1 | 4 |
| 8 | 9 | 5 | 3 | 6 | 1 | 2 | 4 | 7 |
| 2 | 7 | 3 | 9 | 4 | 8 | 5 | 6 | 1 |
| 4 | 1 | 6 | 2 | 5 | 7 | 8 | 9 | 3 |
| 1 | 8 | 2 | 5 | 3 | 9 | 4 | 7 | 6 |
| 7 | 6 | 9 | 1 | 2 | 4 | 3 | 8 | 5 |
| 3 | 5 | 4 | 7 | 8 | 6 | 1 | 2 | 9 |

## SUDOKU 49

| | | | | | | | | |
|---|---|---|---|---|---|---|---|---|
| 1 | 6 | 7 | 8 | 3 | 2 | 5 | 9 | 4 |
| 2 | 4 | 3 | 5 | 7 | 9 | 6 | 8 | 1 |
| 5 | 9 | 8 | 6 | 4 | 1 | 7 | 3 | 2 |
| 9 | 7 | 4 | 2 | 6 | 5 | 8 | 1 | 3 |
| 8 | 2 | 6 | 1 | 9 | 3 | 4 | 5 | 7 |
| 3 | 1 | 5 | 4 | 8 | 7 | 2 | 6 | 9 |
| 4 | 8 | 1 | 3 | 2 | 6 | 9 | 7 | 5 |
| 6 | 3 | 9 | 7 | 5 | 4 | 1 | 2 | 8 |
| 7 | 5 | 2 | 9 | 1 | 8 | 3 | 4 | 6 |

## SUDOKU 50

| | | | | | | | | |
|---|---|---|---|---|---|---|---|---|
| 8 | 5 | 4 | 6 | 7 | 3 | 1 | 9 | 2 |
| 7 | 1 | 2 | 4 | 9 | 5 | 6 | 8 | 3 |
| 9 | 3 | 6 | 8 | 1 | 2 | 7 | 5 | 4 |
| 4 | 8 | 5 | 1 | 6 | 7 | 2 | 3 | 9 |
| 3 | 6 | 9 | 2 | 4 | 8 | 5 | 7 | 1 |
| 1 | 2 | 7 | 5 | 3 | 9 | 4 | 6 | 8 |
| 2 | 4 | 3 | 9 | 5 | 6 | 8 | 1 | 7 |
| 5 | 7 | 1 | 3 | 8 | 4 | 9 | 2 | 6 |
| 6 | 9 | 8 | 7 | 2 | 1 | 3 | 4 | 5 |

# NIVEL MEDIO

## SUDOKU 1

| | | | | | | | | |
|---|---|---|---|---|---|---|---|---|
| | 7 | | | | 1 | 3 | | |
| | 9 | | 6 | | 2 | | | |
| | 1 | | | | | | 8 | 9 |
| | | | | | 7 | 4 | | 5 |
| | | | 9 | 3 | | | | |
| 6 | | 1 | | | 5 | | | |
| | | | | 2 | 8 | | 4 | |
| | 5 | 2 | | | | | 3 | |
| 3 | | | | | 9 | | 2 | |

## SUDOKU 2

| | | | | | | | | |
|---|---|---|---|---|---|---|---|---|
| 3 | 2 | 5 | 4 | | | | 1 | |
| | 7 | | | | | 2 | | |
| | 1 | | | | 8 | | | |
| | | | | 8 | | | 9 | 5 |
| | | | 7 | 2 | | | | |
| 5 | 8 | | | | 6 | 4 | | |
| | | | 5 | 9 | | | | 3 |
| | 5 | 6 | | | 3 | 1 | | |
| | | | | | | | 4 | 8 |

**SUDOKU 3**

| | | | | | | | | |
|---|---|---|---|---|---|---|---|---|
| | | | | 4 | | | | 3 |
| | | | 2 | 7 | | 9 | | |
| | | | 3 | | | 7 | | 2 |
| 3 | | 1 | | | 4 | | | |
| 6 | 8 | 7 | | 1 | | | | |
| | 4 | | | | 8 | | 3 | |
| 7 | 6 | 4 | | | | | | 5 |
| | | 9 | | | 6 | | 7 | |
| 1 | 2 | | | | | | 4 | |

**SUDOKU 4**

| | | | | | | | | |
|---|---|---|---|---|---|---|---|---|
| | 6 | | 9 | | | 4 | 1 | |
| | | | | | | | | |
| 8 | | 2 | | | 5 | | | 6 |
| | 7 | | 3 | 5 | | | 8 | |
| | 3 | | | 9 | | | | 2 |
| 6 | | 5 | | | 8 | | | 3 |
| | 5 | | | 6 | | | | 1 |
| | 2 | | 5 | | | 7 | 9 | |
| 9 | | | | 1 | 7 | | | 5 |

**SUDOKU 5**

| | | | | | | | | |
|---|---|---|---|---|---|---|---|---|
| | | | | 2 | | | 8 | |
| | 8 | | 4 | | | 5 | 9 | 7 |
| | | 9 | | | | | 6 | |
| | | 8 | | 7 | | 1 | 5 | |
| 2 | 4 | | | | | | | |
| 7 | | | 5 | | 3 | | | |
| | | 4 | | 1 | | | 2 | 5 |
| 5 | 3 | | | | 2 | | | |
| | | | 6 | | 9 | | | |

**SUDOKU 6**

| | | | | | | | | |
|---|---|---|---|---|---|---|---|---|
| 6 | | | | | 9 | | | |
| | 4 | 9 | | 3 | | | 5 | |
| | 5 | | 1 | 7 | | 6 | | |
| | | | | | | 4 | | |
| | | | | | | | | 9 |
| 4 | 3 | | 8 | | 2 | | 1 | |
| | | 4 | | 2 | 1 | | 8 | |
| | 1 | | 3 | | | | | |
| 5 | | 8 | | | 4 | | | 2 |

## SUDOKU 7

| | | | | | | | | |
|---|---|---|---|---|---|---|---|---|
| 4 | | 2 | 9 | | | | | |
| | | 5 | 4 | | | | 3 | |
| | | | 3 | | | 4 | | 1 |
| | | 6 | | 9 | 1 | | | |
| | | 1 | | | | 7 | 8 | |
| 3 | 5 | | | | | | | |
| | | | 2 | | 5 | | | 7 |
| | 8 | 4 | | | | | | 5 |
| | | 7 | | 3 | | | | 6 |

## SUDOKU 8

| | | | | | | | | |
|---|---|---|---|---|---|---|---|---|
| | 6 | 2 | 4 | | | 3 | | |
| 8 | | | | 6 | | | | |
| | 4 | | 3 | | 5 | | | 2 |
| | | | | | | | 4 | |
| 3 | 2 | | | 8 | 4 | 6 | | |
| | | | | | | | | 9 |
| | | 8 | 9 | 4 | | 5 | | |
| | 9 | | | | 7 | | | |
| 6 | | 1 | | 5 | | | 7 | |

## SUDOKU 9

| | | | | | | | | |
|---|---|---|---|---|---|---|---|---|
| | 6 | 7 | | | 2 | | | |
| | | | | | 6 | 5 | 3 | |
| 4 | | | | | 8 | 2 | | |
| | | 5 | | 4 | | 6 | | |
| | | 9 | | | | 7 | | 5 |
| | | 4 | 5 | | 1 | | | |
| 9 | 1 | | | | | 8 | | |
| | | | 2 | 3 | | 1 | | |
| | | | | | | | 6 | 4 |

## SUDOKU 10

| | | | | | | | | |
|---|---|---|---|---|---|---|---|---|
| 1 | 5 | | | | 4 | | 8 | |
| | | 3 | 8 | | | | | |
| | 6 | | | 3 | 9 | 4 | | |
| | | 9 | 4 | 7 | | | | 2 |
| | 2 | 1 | | 9 | | 7 | | |
| 6 | | | | | 1 | | | |
| | | | | | | | 9 | |
| | | | | | | | | 3 |
| 7 | | 2 | 9 | | 6 | 1 | | |

## SUDOKU 11

| | | | | | | | | |
|---|---|---|---|---|---|---|---|---|
| | | | | 5 | | | 4 | 9 |
| | 5 | | | 7 | 2 | 8 | | |
| | 3 | | 9 | | | | 7 | |
| | 9 | | 7 | | | | 6 | 2 |
| | | | | 2 | 3 | | | 8 |
| | 2 | | | | 6 | 1 | | |
| 2 | | | | | | | 1 | |
| | 7 | | | 3 | | | | 6 |
| | | 8 | | | 5 | | | |

## SUDOKU 12

| | | | | | | | | |
|---|---|---|---|---|---|---|---|---|
| | | 5 | 2 | | 8 | | | |
| | | | | 6 | 3 | | | |
| 2 | 1 | | | | | 9 | | |
| | 6 | | | | | 8 | 2 | |
| | | | | 8 | 7 | | | |
| | | | 6 | 3 | | | | 4 |
| 5 | | 8 | | | | 7 | | 2 |
| | 2 | 1 | | | | | 3 | 9 |
| 6 | | 9 | | | | | 5 | 8 |

## SUDOKU 13

| | | | | | | | | |
|---|---|---|---|---|---|---|---|---|
| | | 7 | | 5 | | 9 | 1 | |
| 8 | 4 | | | | | | | 7 |
| | | 9 | | | 2 | 4 | | |
| | | | | | | | | |
| | | | | | | 8 | 6 | 1 |
| 1 | 2 | 4 | | | | | | |
| 9 | | 8 | 4 | | | | 3 | |
| 5 | | | | | 7 | | 4 | |
| | 6 | | | | | 5 | | 9 |

## SUDOKU 14

| | | | | | | | | |
|---|---|---|---|---|---|---|---|---|
| | | | | 1 | | | | |
| 9 | 7 | | 8 | | | 1 | 2 | |
| | | | | | 3 | | | |
| 2 | | | | | | | 8 | |
| | 8 | 7 | 9 | | | | | 1 |
| | 1 | | | | 7 | 4 | | 9 |
| | 3 | | | | | 6 | | |
| 8 | | 5 | | 6 | | | 4 | |
| | | 2 | 4 | | | | 1 | 3 |

**SUDOKU 15**

| | | | | | | | | |
|---|---|---|---|---|---|---|---|---|
| | | 5 | | | | 3 | | |
| | 8 | | | | | 9 | | |
| | | 1 | 2 | 6 | 3 | | | |
| 4 | 5 | 8 | | | 7 | | | |
| | | | | 8 | | | | 4 |
| | | | | | 2 | | | 1 |
| 5 | | | | | | | 8 | |
| | | | 9 | | | | 2 | |
| 7 | 2 | | 5 | 3 | | 1 | | 6 |

**SUDOKU 16**

| | | | | | | | | |
|---|---|---|---|---|---|---|---|---|
| | | 7 | | | 2 | 1 | | |
| | 2 | 6 | | | 3 | | | |
| | | | | | 1 | | 2 | 9 |
| | | | 7 | | 6 | | | 4 |
| | | 4 | | 1 | | | | 5 |
| 8 | | 2 | | | | | | 7 |
| | | 5 | 9 | 3 | | | | |
| | | 9 | | | | 8 | 4 | |
| 7 | 1 | | | | | | | |

## SUDOKU 17

| | | | | | | | | |
|---|---|---|---|---|---|---|---|---|
| | 5 | | 7 | | 3 | | 4 | |
| | 6 | | 1 | | | 7 | | |
| | | 8 | | 4 | | | | |
| 1 | 8 | | | | | | 5 | 2 |
| | | 9 | | | | | | |
| 6 | 7 | | 4 | 8 | | | | |
| 5 | | | | 1 | | 8 | | 4 |
| | | 7 | | | | | 6 | |
| 4 | | | | | 5 | | | 9 |

## SUDOKU 18

| | | | | | | | | |
|---|---|---|---|---|---|---|---|---|
| | | 8 | 6 | | | | | 5 |
| | | | 9 | | | | | 7 |
| 7 | 9 | | | 2 | 4 | 6 | | |
| 8 | | | | 5 | | 1 | | |
| | 1 | 9 | 4 | | 7 | | | 6 |
| 2 | | | | | | 3 | | |
| 9 | | | | 4 | | 8 | | |
| | | 2 | 5 | | | | | 9 |
| | 6 | 1 | | 9 | 8 | | | |

**SUDOKU 19**

| | | | | | | | | |
|---|---|---|---|---|---|---|---|---|
| | | | 5 | 7 | | | 1 | |
| 9 | | 7 | | | | | 8 | |
| | 8 | | 6 | | | | 7 | |
| 2 | | | | | | 6 | 5 | |
| 4 | | | 2 | | | | | 8 |
| 6 | | | 7 | | 3 | | | |
| | | | 4 | | | 9 | | 1 |
| | 3 | 2 | 9 | | | | | |
| | | | | 8 | 6 | | | |

**SUDOKU 20**

| | | | | | | | | |
|---|---|---|---|---|---|---|---|---|
| 9 | | 7 | | | | | | |
| | 5 | | | 2 | 8 | | | |
| | 4 | | | | | 3 | 5 | |
| | | | 5 | 1 | | | | 9 |
| 1 | 6 | | | | | | | 3 |
| | 7 | | | | 9 | | | 1 |
| | 2 | | 4 | | | 9 | | |
| | 1 | 8 | 7 | | | | | |
| | | | 2 | | | | 7 | 6 |

## SUDOKU 21

| | | | | | | | | |
|---|---|---|---|---|---|---|---|---|
| 3 | | | 7 | | | 8 | | |
| | 5 | 2 | 8 | | | | | |
| | | | 2 | | | 1 | | 6 |
| | 1 | | | | 3 | 2 | | |
| | 3 | | 4 | 1 | | | | |
| | 9 | | | | | 5 | 1 | |
| 9 | | 4 | | | | 7 | | |
| | | | | 8 | 6 | 4 | | |
| | | | | | | | 3 | 2 |

## SUDOKU 22

| | | | | | | | | |
|---|---|---|---|---|---|---|---|---|
| 3 | 9 | 5 | | | 6 | | | |
| | | | 2 | | | | | 7 |
| | | | | | 4 | | | 9 |
| 7 | | | | | | 3 | | |
| | | | | 4 | | 2 | | |
| 4 | | 9 | 3 | 8 | | | 5 | 6 |
| | | 2 | | | | | 1 | |
| | 8 | | 4 | 1 | 2 | | | |
| | 3 | | | | | | 6 | |

**SUDOKU 23**

| | | | | | | | | |
|---|---|---|---|---|---|---|---|---|
| | | | | | 6 | | 7 | |
| | 5 | | | | | 1 | | |
| 3 | | | 2 | | | | | 4 |
| 5 | | | 8 | | 9 | | | |
| | | 8 | | | 4 | | | 3 |
| 4 | 7 | | | 1 | | | | 5 |
| | | 4 | 7 | | 2 | | | 8 |
| | 2 | | | 6 | | | | 7 |
| 7 | 3 | | 1 | | | | | |

**SUDOKU 24**

| | | | | | | | | |
|---|---|---|---|---|---|---|---|---|
| | | | | | | | | |
| | 3 | 8 | | | 2 | | | 1 |
| 2 | | | 7 | 5 | | | 9 | |
| | 1 | 4 | | | 5 | | | 9 |
| 9 | | | 1 | | | 3 | 4 | |
| 3 | | | | | 9 | 2 | | |
| 5 | | | | | 6 | 1 | | |
| | 7 | | | | 4 | 9 | | 6 |
| 6 | | | 2 | 9 | | | 7 | |

## SUDOKU 25

| | | | | | | | | |
|---|---|---|---|---|---|---|---|---|
| | | 6 | 5 | 9 | 7 | | 3 | 4 |
| | | | | 4 | | | | 9 |
| | 3 | | | | | | | |
| | | 3 | 9 | | | | | |
| | | | | | | | 5 | |
| | 9 | 7 | 4 | 6 | 3 | | | 2 |
| 8 | | 5 | | 3 | | | | |
| | | | 1 | | | 7 | | 6 |
| | | | | | 6 | | | |

## SUDOKU 26

| | | | | | | | | |
|---|---|---|---|---|---|---|---|---|
| | 7 | 1 | 2 | | 9 | | | |
| 5 | 6 | | 3 | | 7 | | | |
| | 9 | 2 | | 8 | 5 | | | |
| | | | | | | 3 | 1 | |
| 6 | | 5 | | 7 | | | | |
| | 2 | | | | | 9 | | 5 |
| 1 | | | 5 | 9 | | | | |
| | | | | | 4 | | 3 | 1 |
| | | | | | | 8 | 9 | |

**SUDOKU 27**

| | | | | | | | | |
|---|---|---|---|---|---|---|---|---|
| | 1 | | 2 | | 7 | | | 8 |
| | 2 | | | 3 | | | | 6 |
| 4 | | 7 | 6 | | | | | 9 |
| | 9 | | | 7 | | | 5 | |
| 8 | | | 3 | | 2 | | 7 | |
| 2 | | 1 | | 8 | | | 6 | |
| | | 3 | | | 5 | | | |
| 7 | | | | | | | | |
| | | | 1 | | | | | |

**SUDOKU 28**

| | | | | | | | | |
|---|---|---|---|---|---|---|---|---|
| | 7 | | | 9 | | | | 8 |
| | | | | 2 | | | | 3 |
| 3 | | 2 | 5 | | 4 | | 9 | |
| 5 | | | | | | | 6 | |
| | 2 | 1 | | 4 | 3 | | | 9 |
| 7 | | | 8 | | | | 1 | |
| | 5 | | | 8 | | | | 2 |
| | 1 | 9 | 2 | | 7 | | | |
| 2 | | | 4 | | | | 7 | |

## SUDOKU 29

| | | | | | | | | |
|---|---|---|---|---|---|---|---|---|
| 8 | | | | 6 | | | 2 | |
| | 3 | 6 | | | | | 8 | |
| | 9 | | 1 | | | | | |
| | | | 5 | 8 | | | | 7 |
| | | 3 | | 2 | | | | |
| | 8 | | | | 4 | | | 1 |
| | | | 8 | 1 | | | 4 | 6 |
| | 1 | 4 | | | | | 3 | 2 |
| 2 | | | | | 3 | 5 | | |

## SUDOKU 30

| | | | | | | | | |
|---|---|---|---|---|---|---|---|---|
| | | 8 | | 4 | | | | |
| | | | | | | 3 | | |
| | 6 | 1 | | | 7 | 2 | | |
| | | 3 | | | 8 | | | 2 |
| | 1 | 6 | | | 2 | | 8 | |
| | | 4 | 6 | | 1 | 5 | | |
| | | 2 | 8 | | 3 | | 4 | |
| | | | | | | | 9 | |
| 8 | | | | | 6 | | | |

**SUDOKU 31**

| | | | | | | | | |
|---|---|---|---|---|---|---|---|---|
| | | | | 5 | | | 1 | 8 |
| 1 | 5 | | 2 | | | 4 | | |
| | | | | 7 | 9 | | | |
| | 1 | 2 | 6 | | | 3 | | |
| | | | | | | | 5 | 4 |
| | | | | 8 | 1 | | 6 | |
| | 3 | | 5 | | | | | |
| | 9 | | | | | 7 | | |
| 6 | 7 | 1 | | | 4 | | | 3 |

**SUDOKU 32**

| | | | | | | | | |
|---|---|---|---|---|---|---|---|---|
| 4 | 1 | 7 | 2 | | | | | |
| 2 | | 8 | | | 9 | | | |
| | 9 | | | | 1 | | | 8 |
| | | | 9 | | | 8 | | |
| | | | 4 | 5 | | | 3 | |
| | | | | 8 | | 5 | 4 | |
| 9 | 7 | 4 | | | | 6 | | |
| | 5 | 2 | | | | | | 9 |
| 3 | | | | | 7 | | | 4 |

## SUDOKU 33

| | | | | | | | | |
|---|---|---|---|---|---|---|---|---|
| 8 | | | | | 5 | | | 1 |
| | | | 1 | 4 | | 9 | | |
| | | 5 | | | 2 | | 7 | 4 |
| | 1 | | 4 | | 6 | | 8 | |
| | | | | 8 | | 5 | | 7 |
| 3 | | | 5 | | | | 4 | |
| | | | | | | 3 | 5 | 6 |
| | | | 7 | 6 | 9 | | | |
| | | | | | | | | |

## SUDOKU 34

| | | | | | | | | |
|---|---|---|---|---|---|---|---|---|
| 4 | | | | | 3 | | | 1 |
| | | | | 5 | | 7 | | |
| | | 7 | | | 2 | | 9 | 4 |
| | | | | 8 | | | | |
| | | | 3 | | 4 | 5 | | 7 |
| | 6 | 2 | 1 | | 5 | | | |
| | 8 | | 7 | | | | 2 | |
| | | 3 | | 4 | | | | |
| 5 | 7 | | 2 | | | 1 | | |

## SUDOKU 35

| | | | | | | | | |
|---|---|---|---|---|---|---|---|---|
| 2 | 8 | | | | | | | 6 |
| | | 7 | | | 6 | | | 4 |
| | | | | 3 | 5 | | | 2 |
| | 9 | | 5 | | 8 | | | |
| | 7 | | | | | 5 | | 1 |
| | 5 | | | | 2 | | 7 | |
| | | | 7 | 2 | | | | |
| | | | | | 1 | 6 | 3 | |
| 1 | | 9 | | | 4 | | | |

## SUDOKU 36

| | | | | | | | | |
|---|---|---|---|---|---|---|---|---|
| | 1 | | | | | | | |
| 9 | | | 7 | | | | 5 | |
| | | 5 | | | 3 | | | 8 |
| 1 | | 2 | | | | 5 | | 7 |
| | 5 | 4 | | | | | 9 | |
| 7 | | | | 5 | 9 | | 8 | |
| 5 | 4 | | | | 2 | | | |
| | | 9 | | | 4 | 1 | 3 | |
| 3 | | 6 | 5 | 7 | | | | |

## SUDOKU 37

| | | | | | | | | |
|---|---|---|---|---|---|---|---|---|
| | | | 1 | 3 | 7 | | | |
| | | | | | | | | |
| 1 | 2 | 5 | | | | | | |
| | | 7 | | | 9 | 3 | | |
| | 1 | 9 | | | 6 | | | 4 |
| 6 | | | 5 | 7 | | | | |
| 9 | | 4 | | 2 | | | | |
| | 7 | | 4 | | | 6 | | |
| | 8 | | 9 | | 5 | | 7 | |

## SUDOKU 38

| | | | | | | | | |
|---|---|---|---|---|---|---|---|---|
| | | 6 | 4 | | | | 2 | |
| | 7 | 4 | | 5 | 1 | 6 | | |
| 9 | 2 | | 6 | 8 | | | | 1 |
| | 6 | | | | 2 | | | |
| | 9 | | | | | 3 | | |
| 3 | | 1 | | | 8 | | | 6 |
| 6 | | | | 9 | | | | |
| | | | | 6 | | | | 9 |
| 1 | | | 7 | | 4 | 8 | | |

## SUDOKU 39

| | | | | | | | | |
|---|---|---|---|---|---|---|---|---|
| | | 8 | 5 | | 1 | | | 3 |
| | | | | 6 | | 4 | | |
| | 3 | | 7 | | | | | 5 |
| 8 | | | | | 4 | | 6 | |
| | | 5 | | | | 1 | | |
| 4 | 9 | | | 5 | | | 3 | |
| | | | 2 | 3 | | | 1 | 8 |
| | | | | | | 7 | | |
| 5 | | 1 | | | | | 4 | 6 |

## SUDOKU 40

| | | | | | | | | |
|---|---|---|---|---|---|---|---|---|
| | 8 | | | | 9 | 6 | | |
| | 7 | | 3 | 1 | | | | |
| 5 | | | 6 | 8 | 7 | | | |
| | | | 2 | 6 | 8 | | 1 | |
| | 4 | | 7 | | | 2 | | |
| | | | | 4 | 1 | 7 | | |
| | | 9 | | | | | 8 | 3 |
| 4 | | | | | | | 7 | |
| 3 | | 8 | | | | | | 4 |

## SUDOKU 41

| | | | | | | | | |
|---|---|---|---|---|---|---|---|---|
| | 2 | | | | 5 | | | 6 |
| | 1 | 7 | 9 | 6 | | | | |
| 6 | | | | 4 | | | 9 | |
| | | | | | 6 | | | 8 |
| 8 | | 6 | 4 | 2 | | | 7 | |
| | 9 | | | | 7 | | | 5 |
| 2 | | | | | | | 3 | |
| | 6 | 1 | 8 | | 4 | | | 7 |
| 9 | | | | 5 | | | 1 | |

## SUDOKU 42

| | | | | | | | | |
|---|---|---|---|---|---|---|---|---|
| | | 6 | | | | | | |
| | 9 | | | | | | | |
| 4 | | | 9 | 7 | | 3 | 1 | |
| | | | 2 | | | 6 | | |
| 5 | | | | 9 | 6 | | | 7 |
| | 2 | | | 5 | | | 4 | 8 |
| 1 | | | | | 9 | 4 | | 3 |
| | | | | 4 | | | 7 | |
| | | 3 | 5 | | 1 | 9 | | |

**SUDOKU 43**

| | | | | | | | | |
|---|---|---|---|---|---|---|---|---|
| | | 8 | | | | | | |
| | 3 | | | | | | | 5 |
| | | | | | | | 4 | |
| 4 | | | | | 2 | | 9 | 8 |
| | 8 | 1 | | | 6 | | 7 | |
| 9 | | | | | 7 | 3 | | |
| | | 2 | | 8 | | | 3 | 9 |
| | 4 | 9 | | 7 | | 2 | | |
| 6 | | | | 5 | | 8 | | |

**SUDOKU 44**

| | | | | | | | | |
|---|---|---|---|---|---|---|---|---|
| 8 | | | | | | | | |
| | | 1 | | | | | | |
| | 7 | | 5 | 3 | | 1 | 9 | |
| | | 2 | | 7 | 4 | | 6 | |
| | | | 8 | | | 2 | | |
| | 6 | | | | 9 | | 1 | 8 |
| 5 | | | 1 | | | 6 | | 3 |
| | | | | 9 | | | 7 | |
| | 3 | | 7 | | 5 | | | 1 |

**SUDOKU 45**

| | | | | | | | | |
|---|---|---|---|---|---|---|---|---|
| | | | 5 | | | | 2 | 9 |
| 4 | 5 | | 7 | | | | | |
| | | | | 3 | 6 | | | |
| | | 1 | 3 | | | | | 6 |
| | | 6 | | | | 5 | 1 | |
| | | 4 | 8 | | 1 | | | |
| | 3 | 8 | | | | 2 | | |
| | | | 1 | 9 | | 3 | | |
| 6 | | | 2 | | | 7 | | |

**SUDOKU 46**

| | | | | | | | | |
|---|---|---|---|---|---|---|---|---|
| 1 | | 8 | | | | | | |
| | | | 4 | | | 1 | 6 | |
| 9 | 4 | | | | | | | 2 |
| | | | 6 | 7 | | | 9 | 5 |
| | | | | 5 | 4 | | 3 | 1 |
| | | | | 1 | 3 | 8 | | 6 |
| | 6 | 1 | | 3 | | | | |
| 4 | | 9 | | | | | | |
| | | | 7 | | 6 | 5 | | |

## SUDOKU 47

| | | | | | | | | |
|---|---|---|---|---|---|---|---|---|
| 6 | | | 5 | | | | 1 | |
| | 5 | 7 | | 3 | | | | |
| 9 | | | 7 | | 2 | | | 6 |
| | | | 4 | 8 | 6 | | | |
| 3 | 2 | 4 | | | | | | |
| | | | | | | | | |
| | | 1 | 2 | 6 | | | | |
| | 6 | | | | 7 | | 8 | |
| 4 | 7 | | | | 1 | 5 | | |

## SUDOKU 48

| | | | | | | | | |
|---|---|---|---|---|---|---|---|---|
| | | | 6 | | 8 | 1 | 3 | |
| | | | 4 | 9 | | | 5 | 6 |
| | | | 3 | 1 | | 7 | 4 | |
| 7 | 9 | | | | | | | |
| | 3 | 6 | | | | | 1 | |
| | | | | | 4 | 6 | | 5 |
| 9 | | 7 | 2 | | | | | |
| 3 | 8 | | | | | | | |
| | | | | 6 | 3 | | | 7 |

## SUDOKU 49

| | | | | | | | | |
|---|---|---|---|---|---|---|---|---|
| 5 | | | | 1 | | | | 8 |
| | 8 | 6 | | | | 4 | | |
| 4 | | | 2 | | | | 3 | 5 |
| 8 | 1 | 3 | | | | | | |
| | | | | | | 3 | 7 | 6 |
| | | | | | | | | |
| | 7 | | | | | 5 | | 2 |
| 6 | | 5 | | | 8 | | 9 | |
| | | 2 | | 4 | | | 8 | |

## SUDOKU 50

| | | | | | | | | |
|---|---|---|---|---|---|---|---|---|
| | | | | | 7 | 9 | 3 | 4 |
| | | | | 4 | | 8 | 1 | |
| | 9 | | | 3 | | | | 5 |
| 1 | | | | | | 6 | 9 | 3 |
| | 6 | | | 2 | | 4 | | |
| | 4 | | | | | | 2 | 1 |
| 3 | | 8 | 5 | | | | | |
| | | 2 | 3 | | 8 | | | |
| 4 | | | | | 2 | | | |

# GABARITO

# NIVEL MEDIO

## SUDOKU 1

| | | | | | | | | |
|---|---|---|---|---|---|---|---|---|
| 2 | 7 | 8 | 4 | 9 | 1 | 3 | 5 | 6 |
| 5 | 9 | 3 | 6 | 8 | 2 | 1 | 7 | 4 |
| 4 | 1 | 6 | 5 | 7 | 3 | 2 | 8 | 9 |
| 8 | 3 | 9 | 2 | 1 | 7 | 4 | 6 | 5 |
| 7 | 4 | 5 | 9 | 3 | 6 | 8 | 1 | 2 |
| 6 | 2 | 1 | 8 | 4 | 5 | 7 | 9 | 3 |
| 9 | 6 | 7 | 3 | 2 | 8 | 5 | 4 | 1 |
| 1 | 5 | 2 | 7 | 6 | 4 | 9 | 3 | 8 |
| 3 | 8 | 4 | 1 | 5 | 9 | 6 | 2 | 7 |

## SUDOKU 2

| | | | | | | | | |
|---|---|---|---|---|---|---|---|---|
| 3 | 2 | 5 | 4 | 7 | 9 | 8 | 1 | 6 |
| 8 | 7 | 9 | 3 | 6 | 1 | 2 | 5 | 4 |
| 6 | 1 | 4 | 2 | 5 | 8 | 9 | 3 | 7 |
| 2 | 6 | 7 | 1 | 8 | 4 | 3 | 9 | 5 |
| 4 | 9 | 3 | 7 | 2 | 5 | 6 | 8 | 1 |
| 5 | 8 | 1 | 9 | 3 | 6 | 4 | 7 | 2 |
| 1 | 4 | 8 | 5 | 9 | 2 | 7 | 6 | 3 |
| 7 | 5 | 6 | 8 | 4 | 3 | 1 | 2 | 9 |
| 9 | 3 | 2 | 6 | 1 | 7 | 5 | 4 | 8 |

**SUDOKU 3**

| | | | | | | | | |
|---|---|---|---|---|---|---|---|---|
| 9 | 7 | 2 | 8 | 4 | 5 | 6 | 1 | 3 |
| 5 | 3 | 6 | 2 | 7 | 1 | 9 | 8 | 4 |
| 4 | 1 | 8 | 3 | 6 | 9 | 7 | 5 | 2 |
| 3 | 9 | 1 | 7 | 2 | 4 | 5 | 6 | 8 |
| 6 | 8 | 7 | 5 | 1 | 3 | 4 | 2 | 9 |
| 2 | 4 | 5 | 6 | 9 | 8 | 1 | 3 | 7 |
| 7 | 6 | 4 | 1 | 8 | 2 | 3 | 9 | 5 |
| 8 | 5 | 9 | 4 | 3 | 6 | 2 | 7 | 1 |
| 1 | 2 | 3 | 9 | 5 | 7 | 8 | 4 | 6 |

**SUDOKU 4**

| | | | | | | | | |
|---|---|---|---|---|---|---|---|---|
| 5 | 6 | 7 | 9 | 3 | 2 | 4 | 1 | 8 |
| 3 | 1 | 9 | 8 | 4 | 6 | 2 | 5 | 7 |
| 8 | 4 | 2 | 1 | 7 | 5 | 9 | 3 | 6 |
| 2 | 7 | 1 | 3 | 5 | 4 | 6 | 8 | 9 |
| 4 | 3 | 8 | 6 | 9 | 1 | 5 | 7 | 2 |
| 6 | 9 | 5 | 7 | 2 | 8 | 1 | 4 | 3 |
| 7 | 5 | 3 | 4 | 6 | 9 | 8 | 2 | 1 |
| 1 | 2 | 6 | 5 | 8 | 3 | 7 | 9 | 4 |
| 9 | 8 | 4 | 2 | 1 | 7 | 3 | 6 | 5 |

## SUDOKU 5

| | | | | | | | | |
|---|---|---|---|---|---|---|---|---|
| 6 | 7 | 3 | 9 | 2 | 5 | 4 | 8 | 1 |
| 1 | 8 | 2 | 4 | 3 | 6 | 5 | 9 | 7 |
| 4 | 5 | 9 | 7 | 8 | 1 | 3 | 6 | 2 |
| 3 | 9 | 8 | 2 | 7 | 4 | 1 | 5 | 6 |
| 2 | 4 | 5 | 1 | 6 | 8 | 9 | 7 | 3 |
| 7 | 1 | 6 | 5 | 9 | 3 | 2 | 4 | 8 |
| 9 | 6 | 4 | 3 | 1 | 7 | 8 | 2 | 5 |
| 5 | 3 | 7 | 8 | 4 | 2 | 6 | 1 | 9 |
| 8 | 2 | 1 | 6 | 5 | 9 | 7 | 3 | 4 |

## SUDOKU 6

| | | | | | | | | |
|---|---|---|---|---|---|---|---|---|
| 6 | 8 | 1 | 5 | 4 | 9 | 2 | 7 | 3 |
| 7 | 4 | 9 | 2 | 3 | 6 | 8 | 5 | 1 |
| 2 | 5 | 3 | 1 | 7 | 8 | 6 | 9 | 4 |
| 1 | 9 | 7 | 6 | 5 | 3 | 4 | 2 | 8 |
| 8 | 2 | 5 | 4 | 1 | 7 | 3 | 6 | 9 |
| 4 | 3 | 6 | 8 | 9 | 2 | 5 | 1 | 7 |
| 3 | 6 | 4 | 7 | 2 | 1 | 9 | 8 | 5 |
| 9 | 1 | 2 | 3 | 8 | 5 | 7 | 4 | 6 |
| 5 | 7 | 8 | 9 | 6 | 4 | 1 | 3 | 2 |

**SUDOKU 7**

| | | | | | | | | |
|---|---|---|---|---|---|---|---|---|
| 4 | 3 | 2 | 9 | 1 | 7 | 6 | 5 | 8 |
| 1 | 7 | 5 | 4 | 8 | 6 | 9 | 3 | 2 |
| 8 | 6 | 9 | 3 | 5 | 2 | 4 | 7 | 1 |
| 7 | 4 | 6 | 8 | 9 | 1 | 5 | 2 | 3 |
| 9 | 2 | 1 | 5 | 6 | 3 | 7 | 8 | 4 |
| 3 | 5 | 8 | 7 | 2 | 4 | 1 | 6 | 9 |
| 6 | 1 | 3 | 2 | 4 | 5 | 8 | 9 | 7 |
| 2 | 8 | 4 | 6 | 7 | 9 | 3 | 1 | 5 |
| 5 | 9 | 7 | 1 | 3 | 8 | 2 | 4 | 6 |

**SUDOKU 8**

| | | | | | | | | |
|---|---|---|---|---|---|---|---|---|
| 1 | 6 | 2 | 4 | 7 | 8 | 3 | 9 | 5 |
| 8 | 5 | 3 | 2 | 6 | 9 | 4 | 1 | 7 |
| 9 | 4 | 7 | 3 | 1 | 5 | 8 | 6 | 2 |
| 7 | 8 | 5 | 1 | 9 | 6 | 2 | 4 | 3 |
| 3 | 2 | 9 | 7 | 8 | 4 | 6 | 5 | 1 |
| 4 | 1 | 6 | 5 | 2 | 3 | 7 | 8 | 9 |
| 2 | 7 | 8 | 9 | 4 | 1 | 5 | 3 | 6 |
| 5 | 9 | 4 | 6 | 3 | 7 | 1 | 2 | 8 |
| 6 | 3 | 1 | 8 | 5 | 2 | 9 | 7 | 4 |

## SUDOKU 9

| | | | | | | | | |
|---|---|---|---|---|---|---|---|---|
| 5 | 6 | 7 | 3 | 9 | 2 | 4 | 1 | 8 |
| 2 | 9 | 8 | 4 | 1 | 6 | 5 | 3 | 7 |
| 4 | 3 | 1 | 7 | 5 | 8 | 2 | 9 | 6 |
| 3 | 8 | 5 | 9 | 4 | 7 | 6 | 2 | 1 |
| 1 | 2 | 9 | 8 | 6 | 3 | 7 | 4 | 5 |
| 6 | 7 | 4 | 5 | 2 | 1 | 9 | 8 | 3 |
| 9 | 1 | 3 | 6 | 7 | 4 | 8 | 5 | 2 |
| 8 | 4 | 6 | 2 | 3 | 5 | 1 | 7 | 9 |
| 7 | 5 | 2 | 1 | 8 | 9 | 3 | 6 | 4 |

## SUDOKU 10

| | | | | | | | | |
|---|---|---|---|---|---|---|---|---|
| 1 | 5 | 7 | 2 | 6 | 4 | 3 | 8 | 9 |
| 4 | 9 | 3 | 8 | 1 | 7 | 5 | 2 | 6 |
| 2 | 6 | 8 | 5 | 3 | 9 | 4 | 7 | 1 |
| 3 | 8 | 9 | 4 | 7 | 5 | 6 | 1 | 2 |
| 5 | 2 | 1 | 6 | 9 | 8 | 7 | 3 | 4 |
| 6 | 7 | 4 | 3 | 2 | 1 | 9 | 5 | 8 |
| 8 | 4 | 6 | 1 | 5 | 3 | 2 | 9 | 7 |
| 9 | 1 | 5 | 7 | 4 | 2 | 8 | 6 | 3 |
| 7 | 3 | 2 | 9 | 8 | 6 | 1 | 4 | 5 |

## SUDOKU 11

| | | | | | | | | |
|---|---|---|---|---|---|---|---|---|
| 6 | 8 | 7 | 3 | 5 | 1 | 2 | 4 | 9 |
| 9 | 5 | 4 | 6 | 7 | 2 | 8 | 3 | 1 |
| 1 | 3 | 2 | 9 | 4 | 8 | 6 | 7 | 5 |
| 8 | 9 | 5 | 7 | 1 | 4 | 3 | 6 | 2 |
| 4 | 1 | 6 | 5 | 2 | 3 | 7 | 9 | 8 |
| 7 | 2 | 3 | 8 | 9 | 6 | 1 | 5 | 4 |
| 2 | 6 | 9 | 4 | 8 | 7 | 5 | 1 | 3 |
| 5 | 7 | 1 | 2 | 3 | 9 | 4 | 8 | 6 |
| 3 | 4 | 8 | 1 | 6 | 5 | 9 | 2 | 7 |

## SUDOKU 12

| | | | | | | | | |
|---|---|---|---|---|---|---|---|---|
| 3 | 7 | 5 | 2 | 9 | 8 | 6 | 4 | 1 |
| 8 | 9 | 4 | 1 | 6 | 3 | 2 | 7 | 5 |
| 2 | 1 | 6 | 4 | 7 | 5 | 9 | 8 | 3 |
| 9 | 6 | 3 | 5 | 4 | 1 | 8 | 2 | 7 |
| 4 | 5 | 2 | 9 | 8 | 7 | 3 | 1 | 6 |
| 1 | 8 | 7 | 6 | 3 | 2 | 5 | 9 | 4 |
| 5 | 4 | 8 | 3 | 1 | 9 | 7 | 6 | 2 |
| 7 | 2 | 1 | 8 | 5 | 6 | 4 | 3 | 9 |
| 6 | 3 | 9 | 7 | 2 | 4 | 1 | 5 | 8 |

## SUDOKU 13

| | | | | | | | | |
|---|---|---|---|---|---|---|---|---|
| 2 | 3 | 7 | 8 | 5 | 4 | 9 | 1 | 6 |
| 8 | 4 | 1 | 6 | 3 | 9 | 2 | 5 | 7 |
| 6 | 5 | 9 | 1 | 7 | 2 | 4 | 8 | 3 |
| 3 | 8 | 6 | 5 | 9 | 1 | 7 | 2 | 4 |
| 7 | 9 | 5 | 2 | 4 | 3 | 8 | 6 | 1 |
| 1 | 2 | 4 | 7 | 8 | 6 | 3 | 9 | 5 |
| 9 | 7 | 8 | 4 | 6 | 5 | 1 | 3 | 2 |
| 5 | 1 | 3 | 9 | 2 | 7 | 6 | 4 | 8 |
| 4 | 6 | 2 | 3 | 1 | 8 | 5 | 7 | 9 |

## SUDOKU 14

| | | | | | | | | |
|---|---|---|---|---|---|---|---|---|
| 6 | 2 | 4 | 7 | 1 | 9 | 8 | 3 | 5 |
| 9 | 7 | 3 | 8 | 4 | 5 | 1 | 2 | 6 |
| 1 | 5 | 8 | 6 | 2 | 3 | 9 | 7 | 4 |
| 2 | 4 | 9 | 1 | 5 | 6 | 3 | 8 | 7 |
| 5 | 8 | 7 | 9 | 3 | 4 | 2 | 6 | 1 |
| 3 | 1 | 6 | 2 | 8 | 7 | 4 | 5 | 9 |
| 4 | 3 | 1 | 5 | 7 | 2 | 6 | 9 | 8 |
| 8 | 9 | 5 | 3 | 6 | 1 | 7 | 4 | 2 |
| 7 | 6 | 2 | 4 | 9 | 8 | 5 | 1 | 3 |

## SUDOKU 15

| | | | | | | | | |
|---|---|---|---|---|---|---|---|---|
| 6 | 4 | 5 | 8 | 7 | 9 | 3 | 1 | 2 |
| 2 | 8 | 3 | 1 | 5 | 4 | 9 | 6 | 7 |
| 9 | 7 | 1 | 2 | 6 | 3 | 5 | 4 | 8 |
| 4 | 5 | 8 | 6 | 1 | 7 | 2 | 3 | 9 |
| 1 | 9 | 2 | 3 | 8 | 5 | 6 | 7 | 4 |
| 3 | 6 | 7 | 4 | 9 | 2 | 8 | 5 | 1 |
| 5 | 1 | 9 | 7 | 2 | 6 | 4 | 8 | 3 |
| 8 | 3 | 6 | 9 | 4 | 1 | 7 | 2 | 5 |
| 7 | 2 | 4 | 5 | 3 | 8 | 1 | 9 | 6 |

## SUDOKU 16

| | | | | | | | | |
|---|---|---|---|---|---|---|---|---|
| 4 | 9 | 7 | 5 | 8 | 2 | 1 | 3 | 6 |
| 1 | 2 | 6 | 4 | 9 | 3 | 7 | 5 | 8 |
| 5 | 8 | 3 | 6 | 7 | 1 | 4 | 2 | 9 |
| 9 | 5 | 1 | 7 | 2 | 6 | 3 | 8 | 4 |
| 3 | 7 | 4 | 8 | 1 | 9 | 2 | 6 | 5 |
| 8 | 6 | 2 | 3 | 4 | 5 | 9 | 1 | 7 |
| 2 | 4 | 5 | 9 | 3 | 8 | 6 | 7 | 1 |
| 6 | 3 | 9 | 1 | 5 | 7 | 8 | 4 | 2 |
| 7 | 1 | 8 | 2 | 6 | 4 | 5 | 9 | 3 |

## SUDOKU 17

| | | | | | | | | |
|---|---|---|---|---|---|---|---|---|
| 9 | 5 | 1 | 7 | 6 | 3 | 2 | 4 | 8 |
| 3 | 6 | 4 | 1 | 2 | 8 | 7 | 9 | 5 |
| 7 | 2 | 8 | 5 | 4 | 9 | 1 | 3 | 6 |
| 1 | 8 | 3 | 6 | 9 | 7 | 4 | 5 | 2 |
| 2 | 4 | 9 | 3 | 5 | 1 | 6 | 8 | 7 |
| 6 | 7 | 5 | 4 | 8 | 2 | 9 | 1 | 3 |
| 5 | 3 | 2 | 9 | 1 | 6 | 8 | 7 | 4 |
| 8 | 9 | 7 | 2 | 3 | 4 | 5 | 6 | 1 |
| 4 | 1 | 6 | 8 | 7 | 5 | 3 | 2 | 9 |

## SUDOKU 18

| | | | | | | | | |
|---|---|---|---|---|---|---|---|---|
| 1 | 2 | 8 | 6 | 7 | 3 | 9 | 4 | 5 |
| 6 | 4 | 3 | 9 | 1 | 5 | 2 | 8 | 7 |
| 7 | 9 | 5 | 8 | 2 | 4 | 6 | 1 | 3 |
| 8 | 7 | 6 | 3 | 5 | 2 | 1 | 9 | 4 |
| 3 | 1 | 9 | 4 | 8 | 7 | 5 | 2 | 6 |
| 2 | 5 | 4 | 1 | 6 | 9 | 3 | 7 | 8 |
| 9 | 3 | 7 | 2 | 4 | 6 | 8 | 5 | 1 |
| 4 | 8 | 2 | 5 | 3 | 1 | 7 | 6 | 9 |
| 5 | 6 | 1 | 7 | 9 | 8 | 4 | 3 | 2 |

**SUDOKU 19**

| | | | | | | | | |
|---|---|---|---|---|---|---|---|---|
| 3 | 6 | 4 | 5 | 7 | 8 | 2 | 1 | 9 |
| 9 | 2 | 7 | 1 | 3 | 4 | 5 | 8 | 6 |
| 5 | 8 | 1 | 6 | 9 | 2 | 4 | 7 | 3 |
| 2 | 1 | 3 | 8 | 4 | 9 | 6 | 5 | 7 |
| 4 | 7 | 5 | 2 | 6 | 1 | 3 | 9 | 8 |
| 6 | 9 | 8 | 7 | 5 | 3 | 1 | 4 | 2 |
| 8 | 5 | 6 | 4 | 2 | 7 | 9 | 3 | 1 |
| 7 | 3 | 2 | 9 | 1 | 5 | 8 | 6 | 4 |
| 1 | 4 | 9 | 3 | 8 | 6 | 7 | 2 | 5 |

**SUDOKU 20**

| | | | | | | | | |
|---|---|---|---|---|---|---|---|---|
| 9 | 8 | 7 | 3 | 5 | 4 | 6 | 1 | 2 |
| 3 | 5 | 6 | 1 | 2 | 8 | 4 | 9 | 7 |
| 2 | 4 | 1 | 9 | 7 | 6 | 3 | 5 | 8 |
| 8 | 3 | 4 | 5 | 1 | 2 | 7 | 6 | 9 |
| 1 | 6 | 9 | 8 | 4 | 7 | 5 | 2 | 3 |
| 5 | 7 | 2 | 6 | 3 | 9 | 8 | 4 | 1 |
| 7 | 2 | 3 | 4 | 6 | 1 | 9 | 8 | 5 |
| 6 | 1 | 8 | 7 | 9 | 5 | 2 | 3 | 4 |
| 4 | 9 | 5 | 2 | 8 | 3 | 1 | 7 | 6 |

**SUDOKU 21**

| | | | | | | | | |
|---|---|---|---|---|---|---|---|---|
| 3 | 4 | 6 | 7 | 5 | 1 | 8 | 2 | 9 |
| 1 | 5 | 2 | 8 | 6 | 9 | 3 | 7 | 4 |
| 8 | 7 | 9 | 2 | 3 | 4 | 1 | 5 | 6 |
| 6 | 1 | 7 | 5 | 9 | 3 | 2 | 4 | 8 |
| 2 | 3 | 5 | 4 | 1 | 8 | 9 | 6 | 7 |
| 4 | 9 | 8 | 6 | 7 | 2 | 5 | 1 | 3 |
| 9 | 6 | 4 | 3 | 2 | 5 | 7 | 8 | 1 |
| 7 | 2 | 3 | 1 | 8 | 6 | 4 | 9 | 5 |
| 5 | 8 | 1 | 9 | 4 | 7 | 6 | 3 | 2 |

**SUDOKU 22**

| | | | | | | | | |
|---|---|---|---|---|---|---|---|---|
| 3 | 9 | 5 | 8 | 7 | 6 | 1 | 2 | 4 |
| 6 | 1 | 4 | 2 | 3 | 9 | 5 | 8 | 7 |
| 2 | 7 | 8 | 1 | 5 | 4 | 6 | 3 | 9 |
| 7 | 6 | 1 | 9 | 2 | 5 | 3 | 4 | 8 |
| 8 | 5 | 3 | 6 | 4 | 7 | 2 | 9 | 1 |
| 4 | 2 | 9 | 3 | 8 | 1 | 7 | 5 | 6 |
| 9 | 4 | 2 | 7 | 6 | 3 | 8 | 1 | 5 |
| 5 | 8 | 6 | 4 | 1 | 2 | 9 | 7 | 3 |
| 1 | 3 | 7 | 5 | 9 | 8 | 4 | 6 | 2 |

## SUDOKU 23

| | | | | | | | | |
|---|---|---|---|---|---|---|---|---|
| 1 | 4 | 9 | 3 | 5 | 6 | 8 | 7 | 2 |
| 2 | 5 | 6 | 4 | 8 | 7 | 1 | 3 | 9 |
| 3 | 8 | 7 | 2 | 9 | 1 | 6 | 5 | 4 |
| 5 | 6 | 3 | 8 | 7 | 9 | 4 | 2 | 1 |
| 9 | 1 | 8 | 5 | 2 | 4 | 7 | 6 | 3 |
| 4 | 7 | 2 | 6 | 1 | 3 | 9 | 8 | 5 |
| 6 | 9 | 4 | 7 | 3 | 2 | 5 | 1 | 8 |
| 8 | 2 | 1 | 9 | 6 | 5 | 3 | 4 | 7 |
| 7 | 3 | 5 | 1 | 4 | 8 | 2 | 9 | 6 |

## SUDOKU 24

| | | | | | | | | |
|---|---|---|---|---|---|---|---|---|
| 4 | 9 | 5 | 6 | 1 | 3 | 8 | 2 | 7 |
| 7 | 3 | 8 | 9 | 4 | 2 | 6 | 5 | 1 |
| 2 | 6 | 1 | 7 | 5 | 8 | 4 | 9 | 3 |
| 8 | 1 | 4 | 3 | 2 | 5 | 7 | 6 | 9 |
| 9 | 2 | 6 | 1 | 8 | 7 | 3 | 4 | 5 |
| 3 | 5 | 7 | 4 | 6 | 9 | 2 | 1 | 8 |
| 5 | 4 | 9 | 8 | 7 | 6 | 1 | 3 | 2 |
| 1 | 7 | 2 | 5 | 3 | 4 | 9 | 8 | 6 |
| 6 | 8 | 3 | 2 | 9 | 1 | 5 | 7 | 4 |

**SUDOKU 25**

| | | | | | | | | |
|---|---|---|---|---|---|---|---|---|
| 1 | 8 | 6 | 5 | 9 | 7 | 2 | 3 | 4 |
| 7 | 5 | 2 | 3 | 4 | 8 | 1 | 6 | 9 |
| 9 | 3 | 4 | 6 | 1 | 2 | 5 | 7 | 8 |
| 2 | 1 | 3 | 9 | 8 | 5 | 6 | 4 | 7 |
| 6 | 4 | 8 | 2 | 7 | 1 | 9 | 5 | 3 |
| 5 | 9 | 7 | 4 | 6 | 3 | 8 | 1 | 2 |
| 8 | 6 | 5 | 7 | 3 | 9 | 4 | 2 | 1 |
| 3 | 2 | 9 | 1 | 5 | 4 | 7 | 8 | 6 |
| 4 | 7 | 1 | 8 | 2 | 6 | 3 | 9 | 5 |

**SUDOKU 26**

| | | | | | | | | |
|---|---|---|---|---|---|---|---|---|
| 3 | 7 | 1 | 2 | 6 | 9 | 4 | 5 | 8 |
| 5 | 6 | 8 | 3 | 4 | 7 | 1 | 2 | 9 |
| 4 | 9 | 2 | 1 | 8 | 5 | 7 | 6 | 3 |
| 7 | 4 | 9 | 8 | 5 | 2 | 3 | 1 | 6 |
| 6 | 1 | 5 | 9 | 7 | 3 | 2 | 8 | 4 |
| 8 | 2 | 3 | 4 | 1 | 6 | 9 | 7 | 5 |
| 1 | 3 | 7 | 5 | 9 | 8 | 6 | 4 | 2 |
| 9 | 8 | 6 | 7 | 2 | 4 | 5 | 3 | 1 |
| 2 | 5 | 4 | 6 | 3 | 1 | 8 | 9 | 7 |

## SUDOKU 27

| | | | | | | | | |
|---|---|---|---|---|---|---|---|---|
| 6 | 1 | 9 | 2 | 5 | 7 | 3 | 4 | 8 |
| 5 | 2 | 8 | 9 | 3 | 4 | 7 | 1 | 6 |
| 4 | 3 | 7 | 6 | 1 | 8 | 5 | 2 | 9 |
| 3 | 9 | 6 | 4 | 7 | 1 | 8 | 5 | 2 |
| 8 | 5 | 4 | 3 | 6 | 2 | 9 | 7 | 1 |
| 2 | 7 | 1 | 5 | 8 | 9 | 4 | 6 | 3 |
| 1 | 8 | 3 | 7 | 2 | 5 | 6 | 9 | 4 |
| 7 | 4 | 2 | 8 | 9 | 6 | 1 | 3 | 5 |
| 9 | 6 | 5 | 1 | 4 | 3 | 2 | 8 | 7 |

## SUDOKU 28

| | | | | | | | | |
|---|---|---|---|---|---|---|---|---|
| 1 | 7 | 5 | 3 | 9 | 6 | 4 | 2 | 8 |
| 9 | 6 | 4 | 1 | 2 | 8 | 7 | 5 | 3 |
| 3 | 8 | 2 | 5 | 7 | 4 | 1 | 9 | 6 |
| 5 | 4 | 8 | 9 | 1 | 2 | 3 | 6 | 7 |
| 6 | 2 | 1 | 7 | 4 | 3 | 5 | 8 | 9 |
| 7 | 9 | 3 | 8 | 6 | 5 | 2 | 1 | 4 |
| 4 | 5 | 7 | 6 | 8 | 1 | 9 | 3 | 2 |
| 8 | 1 | 9 | 2 | 3 | 7 | 6 | 4 | 5 |
| 2 | 3 | 6 | 4 | 5 | 9 | 8 | 7 | 1 |

## SUDOKU 29

| | | | | | | | | |
|---|---|---|---|---|---|---|---|---|
| 8 | 4 | 7 | 3 | 6 | 9 | 1 | 2 | 5 |
| 1 | 3 | 6 | 2 | 5 | 7 | 9 | 8 | 4 |
| 5 | 9 | 2 | 1 | 4 | 8 | 6 | 7 | 3 |
| 4 | 2 | 1 | 5 | 8 | 6 | 3 | 9 | 7 |
| 6 | 7 | 3 | 9 | 2 | 1 | 4 | 5 | 8 |
| 9 | 8 | 5 | 7 | 3 | 4 | 2 | 6 | 1 |
| 3 | 5 | 9 | 8 | 1 | 2 | 7 | 4 | 6 |
| 7 | 1 | 4 | 6 | 9 | 5 | 8 | 3 | 2 |
| 2 | 6 | 8 | 4 | 7 | 3 | 5 | 1 | 9 |

## SUDOKU 30

| | | | | | | | | |
|---|---|---|---|---|---|---|---|---|
| 3 | 2 | 8 | 1 | 4 | 5 | 9 | 7 | 6 |
| 4 | 5 | 7 | 2 | 6 | 9 | 3 | 1 | 8 |
| 9 | 6 | 1 | 3 | 8 | 7 | 2 | 5 | 4 |
| 7 | 9 | 3 | 4 | 5 | 8 | 1 | 6 | 2 |
| 5 | 1 | 6 | 9 | 3 | 2 | 4 | 8 | 7 |
| 2 | 8 | 4 | 6 | 7 | 1 | 5 | 3 | 9 |
| 1 | 7 | 2 | 8 | 9 | 3 | 6 | 4 | 5 |
| 6 | 3 | 5 | 7 | 2 | 4 | 8 | 9 | 1 |
| 8 | 4 | 9 | 5 | 1 | 6 | 7 | 2 | 3 |

## SUDOKU 31

| | | | | | | | | |
|---|---|---|---|---|---|---|---|---|
| 7 | 2 | 9 | 4 | 5 | 3 | 6 | 1 | 8 |
| 1 | 5 | 3 | 2 | 6 | 8 | 4 | 7 | 9 |
| 4 | 8 | 6 | 1 | 7 | 9 | 2 | 3 | 5 |
| 9 | 1 | 2 | 6 | 4 | 5 | 3 | 8 | 7 |
| 8 | 6 | 7 | 9 | 3 | 2 | 1 | 5 | 4 |
| 3 | 4 | 5 | 7 | 8 | 1 | 9 | 6 | 2 |
| 2 | 3 | 4 | 5 | 1 | 7 | 8 | 9 | 6 |
| 5 | 9 | 8 | 3 | 2 | 6 | 7 | 4 | 1 |
| 6 | 7 | 1 | 8 | 9 | 4 | 5 | 2 | 3 |

## SUDOKU 32

| | | | | | | | | |
|---|---|---|---|---|---|---|---|---|
| 4 | 1 | 7 | 2 | 6 | 8 | 3 | 9 | 5 |
| 2 | 3 | 8 | 5 | 4 | 9 | 1 | 6 | 7 |
| 6 | 9 | 5 | 3 | 7 | 1 | 4 | 2 | 8 |
| 5 | 4 | 3 | 9 | 1 | 6 | 8 | 7 | 2 |
| 7 | 8 | 6 | 4 | 5 | 2 | 9 | 3 | 1 |
| 1 | 2 | 9 | 7 | 8 | 3 | 5 | 4 | 6 |
| 9 | 7 | 4 | 1 | 2 | 5 | 6 | 8 | 3 |
| 8 | 5 | 2 | 6 | 3 | 4 | 7 | 1 | 9 |
| 3 | 6 | 1 | 8 | 9 | 7 | 2 | 5 | 4 |

## SUDOKU 33

| | | | | | | | | |
|---|---|---|---|---|---|---|---|---|
| 8 | 3 | 4 | 9 | 7 | 5 | 6 | 2 | 1 |
| 7 | 6 | 2 | 1 | 4 | 8 | 9 | 3 | 5 |
| 1 | 9 | 5 | 6 | 3 | 2 | 8 | 7 | 4 |
| 5 | 1 | 7 | 4 | 9 | 6 | 2 | 8 | 3 |
| 4 | 2 | 9 | 3 | 8 | 1 | 5 | 6 | 7 |
| 3 | 8 | 6 | 5 | 2 | 7 | 1 | 4 | 9 |
| 9 | 7 | 8 | 2 | 1 | 4 | 3 | 5 | 6 |
| 2 | 5 | 3 | 7 | 6 | 9 | 4 | 1 | 8 |
| 6 | 4 | 1 | 8 | 5 | 3 | 7 | 9 | 2 |

## SUDOKU 34

| | | | | | | | | |
|---|---|---|---|---|---|---|---|---|
| 4 | 2 | 8 | 9 | 7 | 3 | 6 | 5 | 1 |
| 1 | 3 | 9 | 4 | 5 | 6 | 7 | 8 | 2 |
| 6 | 5 | 7 | 8 | 1 | 2 | 3 | 9 | 4 |
| 3 | 4 | 5 | 6 | 8 | 7 | 2 | 1 | 9 |
| 8 | 9 | 1 | 3 | 2 | 4 | 5 | 6 | 7 |
| 7 | 6 | 2 | 1 | 9 | 5 | 8 | 4 | 3 |
| 9 | 8 | 6 | 7 | 3 | 1 | 4 | 2 | 5 |
| 2 | 1 | 3 | 5 | 4 | 8 | 9 | 7 | 6 |
| 5 | 7 | 4 | 2 | 6 | 9 | 1 | 3 | 8 |

**SUDOKU 35**

| | | | | | | | | |
|---|---|---|---|---|---|---|---|---|
| 2 | 8 | 5 | 4 | 1 | 7 | 3 | 9 | 6 |
| 3 | 1 | 7 | 2 | 9 | 6 | 8 | 5 | 4 |
| 9 | 4 | 6 | 8 | 3 | 5 | 7 | 1 | 2 |
| 6 | 9 | 1 | 5 | 7 | 8 | 4 | 2 | 3 |
| 8 | 7 | 2 | 3 | 4 | 9 | 5 | 6 | 1 |
| 4 | 5 | 3 | 1 | 6 | 2 | 9 | 7 | 8 |
| 5 | 6 | 8 | 7 | 2 | 3 | 1 | 4 | 9 |
| 7 | 2 | 4 | 9 | 8 | 1 | 6 | 3 | 5 |
| 1 | 3 | 9 | 6 | 5 | 4 | 2 | 8 | 7 |

**SUDOKU 36**

| | | | | | | | | |
|---|---|---|---|---|---|---|---|---|
| 4 | 1 | 7 | 2 | 8 | 5 | 3 | 6 | 9 |
| 9 | 3 | 8 | 7 | 1 | 6 | 4 | 5 | 2 |
| 6 | 2 | 5 | 9 | 4 | 3 | 7 | 1 | 8 |
| 1 | 9 | 2 | 6 | 3 | 8 | 5 | 4 | 7 |
| 8 | 5 | 4 | 1 | 2 | 7 | 6 | 9 | 3 |
| 7 | 6 | 3 | 4 | 5 | 9 | 2 | 8 | 1 |
| 5 | 4 | 1 | 3 | 9 | 2 | 8 | 7 | 6 |
| 2 | 7 | 9 | 8 | 6 | 4 | 1 | 3 | 5 |
| 3 | 8 | 6 | 5 | 7 | 1 | 9 | 2 | 4 |

## SUDOKU 37

| | | | | | | | | |
|---|---|---|---|---|---|---|---|---|
| 4 | 9 | 8 | 1 | 3 | 7 | 2 | 6 | 5 |
| 7 | 3 | 6 | 8 | 5 | 2 | 1 | 4 | 9 |
| 1 | 2 | 5 | 6 | 9 | 4 | 8 | 3 | 7 |
| 8 | 5 | 7 | 2 | 4 | 9 | 3 | 1 | 6 |
| 2 | 1 | 9 | 3 | 8 | 6 | 7 | 5 | 4 |
| 6 | 4 | 3 | 5 | 7 | 1 | 9 | 2 | 8 |
| 9 | 6 | 4 | 7 | 2 | 3 | 5 | 8 | 1 |
| 5 | 7 | 2 | 4 | 1 | 8 | 6 | 9 | 3 |
| 3 | 8 | 1 | 9 | 6 | 5 | 4 | 7 | 2 |

## SUDOKU 38

| | | | | | | | | |
|---|---|---|---|---|---|---|---|---|
| 5 | 1 | 6 | 4 | 3 | 9 | 7 | 2 | 8 |
| 8 | 7 | 4 | 2 | 5 | 1 | 6 | 9 | 3 |
| 9 | 2 | 3 | 6 | 8 | 7 | 5 | 4 | 1 |
| 7 | 6 | 5 | 3 | 1 | 2 | 9 | 8 | 4 |
| 2 | 9 | 8 | 5 | 4 | 6 | 3 | 1 | 7 |
| 3 | 4 | 1 | 9 | 7 | 8 | 2 | 5 | 6 |
| 6 | 8 | 7 | 1 | 9 | 5 | 4 | 3 | 2 |
| 4 | 5 | 2 | 8 | 6 | 3 | 1 | 7 | 9 |
| 1 | 3 | 9 | 7 | 2 | 4 | 8 | 6 | 5 |

**SUDOKU 39**

| | | | | | | | | |
|---|---|---|---|---|---|---|---|---|
| 7 | 6 | 8 | 5 | 4 | 1 | 2 | 9 | 3 |
| 2 | 5 | 9 | 8 | 6 | 3 | 4 | 7 | 1 |
| 1 | 3 | 4 | 7 | 2 | 9 | 6 | 8 | 5 |
| 8 | 1 | 2 | 3 | 7 | 4 | 5 | 6 | 9 |
| 3 | 7 | 5 | 6 | 9 | 8 | 1 | 2 | 4 |
| 4 | 9 | 6 | 1 | 5 | 2 | 8 | 3 | 7 |
| 6 | 4 | 7 | 2 | 3 | 5 | 9 | 1 | 8 |
| 9 | 8 | 3 | 4 | 1 | 6 | 7 | 5 | 2 |
| 5 | 2 | 1 | 9 | 8 | 7 | 3 | 4 | 6 |

**SUDOKU 40**

| | | | | | | | | |
|---|---|---|---|---|---|---|---|---|
| 1 | 8 | 3 | 5 | 2 | 9 | 6 | 4 | 7 |
| 6 | 7 | 2 | 3 | 1 | 4 | 8 | 5 | 9 |
| 5 | 9 | 4 | 6 | 8 | 7 | 3 | 2 | 1 |
| 9 | 3 | 7 | 2 | 6 | 8 | 4 | 1 | 5 |
| 8 | 4 | 1 | 7 | 3 | 5 | 2 | 9 | 6 |
| 2 | 6 | 5 | 9 | 4 | 1 | 7 | 3 | 8 |
| 7 | 2 | 9 | 4 | 5 | 6 | 1 | 8 | 3 |
| 4 | 1 | 6 | 8 | 9 | 3 | 5 | 7 | 2 |
| 3 | 5 | 8 | 1 | 7 | 2 | 9 | 6 | 4 |

## SUDOKU 41

| | | | | | | | | |
|---|---|---|---|---|---|---|---|---|
| 4 | 2 | 9 | 1 | 3 | 5 | 7 | 8 | 6 |
| 5 | 1 | 7 | 9 | 6 | 8 | 3 | 4 | 2 |
| 6 | 8 | 3 | 7 | 4 | 2 | 5 | 9 | 1 |
| 7 | 3 | 4 | 5 | 1 | 6 | 9 | 2 | 8 |
| 8 | 5 | 6 | 4 | 2 | 9 | 1 | 7 | 3 |
| 1 | 9 | 2 | 3 | 8 | 7 | 4 | 6 | 5 |
| 2 | 4 | 5 | 6 | 7 | 1 | 8 | 3 | 9 |
| 3 | 6 | 1 | 8 | 9 | 4 | 2 | 5 | 7 |
| 9 | 7 | 8 | 2 | 5 | 3 | 6 | 1 | 4 |

## SUDOKU 42

| | | | | | | | | |
|---|---|---|---|---|---|---|---|---|
| 2 | 7 | 6 | 1 | 3 | 5 | 8 | 9 | 4 |
| 3 | 9 | 1 | 4 | 6 | 8 | 7 | 2 | 5 |
| 4 | 5 | 8 | 9 | 7 | 2 | 3 | 1 | 6 |
| 8 | 3 | 7 | 2 | 1 | 4 | 6 | 5 | 9 |
| 5 | 1 | 4 | 8 | 9 | 6 | 2 | 3 | 7 |
| 6 | 2 | 9 | 3 | 5 | 7 | 1 | 4 | 8 |
| 1 | 6 | 5 | 7 | 2 | 9 | 4 | 8 | 3 |
| 9 | 8 | 2 | 6 | 4 | 3 | 5 | 7 | 1 |
| 7 | 4 | 3 | 5 | 8 | 1 | 9 | 6 | 2 |

## SUDOKU 43

| | | | | | | | | |
|---|---|---|---|---|---|---|---|---|
| 1 | 9 | 8 | 4 | 3 | 5 | 6 | 2 | 7 |
| 2 | 3 | 4 | 7 | 6 | 1 | 9 | 8 | 5 |
| 7 | 5 | 6 | 9 | 2 | 8 | 1 | 4 | 3 |
| 4 | 6 | 7 | 3 | 1 | 2 | 5 | 9 | 8 |
| 3 | 8 | 1 | 5 | 9 | 6 | 4 | 7 | 2 |
| 9 | 2 | 5 | 8 | 4 | 7 | 3 | 6 | 1 |
| 5 | 1 | 2 | 6 | 8 | 4 | 7 | 3 | 9 |
| 8 | 4 | 9 | 1 | 7 | 3 | 2 | 5 | 6 |
| 6 | 7 | 3 | 2 | 5 | 9 | 8 | 1 | 4 |

## SUDOKU 44

| | | | | | | | | |
|---|---|---|---|---|---|---|---|---|
| 8 | 2 | 9 | 4 | 1 | 7 | 3 | 5 | 6 |
| 3 | 5 | 1 | 9 | 2 | 6 | 7 | 8 | 4 |
| 4 | 7 | 6 | 5 | 3 | 8 | 1 | 9 | 2 |
| 1 | 8 | 2 | 3 | 7 | 4 | 5 | 6 | 9 |
| 9 | 4 | 5 | 8 | 6 | 1 | 2 | 3 | 7 |
| 7 | 6 | 3 | 2 | 5 | 9 | 4 | 1 | 8 |
| 5 | 9 | 7 | 1 | 8 | 2 | 6 | 4 | 3 |
| 2 | 1 | 4 | 6 | 9 | 3 | 8 | 7 | 5 |
| 6 | 3 | 8 | 7 | 4 | 5 | 9 | 2 | 1 |

## SUDOKU 45

| | | | | | | | | |
|---|---|---|---|---|---|---|---|---|
| 7 | 6 | 3 | 5 | 8 | 4 | 1 | 2 | 9 |
| 4 | 5 | 9 | 7 | 1 | 2 | 6 | 3 | 8 |
| 8 | 1 | 2 | 9 | 3 | 6 | 4 | 5 | 7 |
| 9 | 7 | 1 | 3 | 2 | 5 | 8 | 4 | 6 |
| 3 | 8 | 6 | 4 | 7 | 9 | 5 | 1 | 2 |
| 5 | 2 | 4 | 8 | 6 | 1 | 9 | 7 | 3 |
| 1 | 3 | 8 | 6 | 5 | 7 | 2 | 9 | 4 |
| 2 | 4 | 7 | 1 | 9 | 8 | 3 | 6 | 5 |
| 6 | 9 | 5 | 2 | 4 | 3 | 7 | 8 | 1 |

## SUDOKU 46

| | | | | | | | | |
|---|---|---|---|---|---|---|---|---|
| 1 | 5 | 8 | 3 | 6 | 2 | 9 | 7 | 4 |
| 2 | 3 | 7 | 4 | 9 | 5 | 1 | 6 | 8 |
| 9 | 4 | 6 | 1 | 8 | 7 | 3 | 5 | 2 |
| 3 | 1 | 4 | 6 | 7 | 8 | 2 | 9 | 5 |
| 6 | 8 | 2 | 9 | 5 | 4 | 7 | 3 | 1 |
| 7 | 9 | 5 | 2 | 1 | 3 | 8 | 4 | 6 |
| 5 | 6 | 1 | 8 | 3 | 9 | 4 | 2 | 7 |
| 4 | 7 | 9 | 5 | 2 | 1 | 6 | 8 | 3 |
| 8 | 2 | 3 | 7 | 4 | 6 | 5 | 1 | 9 |

**SUDOKU 47**

| | | | | | | | | |
|---|---|---|---|---|---|---|---|---|
| 6 | 3 | 2 | 5 | 4 | 9 | 8 | 1 | 7 |
| 1 | 5 | 7 | 6 | 3 | 8 | 4 | 2 | 9 |
| 9 | 4 | 8 | 7 | 1 | 2 | 3 | 5 | 6 |
| 7 | 9 | 5 | 4 | 8 | 6 | 2 | 3 | 1 |
| 3 | 2 | 4 | 1 | 7 | 5 | 6 | 9 | 8 |
| 8 | 1 | 6 | 9 | 2 | 3 | 7 | 4 | 5 |
| 5 | 8 | 1 | 2 | 6 | 4 | 9 | 7 | 3 |
| 2 | 6 | 9 | 3 | 5 | 7 | 1 | 8 | 4 |
| 4 | 7 | 3 | 8 | 9 | 1 | 5 | 6 | 2 |

**SUDOKU 48**

| | | | | | | | | |
|---|---|---|---|---|---|---|---|---|
| 5 | 4 | 9 | 6 | 7 | 8 | 1 | 3 | 2 |
| 1 | 7 | 3 | 4 | 9 | 2 | 8 | 5 | 6 |
| 6 | 2 | 8 | 3 | 1 | 5 | 7 | 4 | 9 |
| 7 | 9 | 5 | 1 | 8 | 6 | 3 | 2 | 4 |
| 4 | 3 | 6 | 5 | 2 | 7 | 9 | 1 | 8 |
| 8 | 1 | 2 | 9 | 3 | 4 | 6 | 7 | 5 |
| 9 | 6 | 7 | 2 | 4 | 1 | 5 | 8 | 3 |
| 3 | 8 | 4 | 7 | 5 | 9 | 2 | 6 | 1 |
| 2 | 5 | 1 | 8 | 6 | 3 | 4 | 9 | 7 |

## SUDOKU 49

| | | | | | | | | |
|---|---|---|---|---|---|---|---|---|
| 5 | 2 | 7 | 4 | 1 | 3 | 9 | 6 | 8 |
| 3 | 8 | 6 | 9 | 5 | 7 | 4 | 2 | 1 |
| 4 | 9 | 1 | 2 | 8 | 6 | 7 | 3 | 5 |
| 8 | 1 | 3 | 6 | 7 | 4 | 2 | 5 | 9 |
| 2 | 5 | 4 | 8 | 9 | 1 | 3 | 7 | 6 |
| 7 | 6 | 9 | 5 | 3 | 2 | 8 | 1 | 4 |
| 1 | 7 | 8 | 3 | 6 | 9 | 5 | 4 | 2 |
| 6 | 4 | 5 | 7 | 2 | 8 | 1 | 9 | 3 |
| 9 | 3 | 2 | 1 | 4 | 5 | 6 | 8 | 7 |

## SUDOKU 50

| | | | | | | | | |
|---|---|---|---|---|---|---|---|---|
| 6 | 8 | 1 | 2 | 5 | 7 | 9 | 3 | 4 |
| 7 | 3 | 5 | 6 | 4 | 9 | 8 | 1 | 2 |
| 2 | 9 | 4 | 8 | 3 | 1 | 7 | 6 | 5 |
| 1 | 2 | 7 | 4 | 8 | 5 | 6 | 9 | 3 |
| 5 | 6 | 9 | 1 | 2 | 3 | 4 | 8 | 7 |
| 8 | 4 | 3 | 7 | 9 | 6 | 5 | 2 | 1 |
| 3 | 1 | 8 | 5 | 6 | 4 | 2 | 7 | 9 |
| 9 | 5 | 2 | 3 | 7 | 8 | 1 | 4 | 6 |
| 4 | 7 | 6 | 9 | 1 | 2 | 3 | 5 | 8 |

# NIVEL DIFICIL

## SUDOKU 1

| | | | | | | | | |
|---|---|---|---|---|---|---|---|---|
| | | | 6 | | | 9 | 1 | |
| 2 | 1 | 9 | | | | | | 6 |
| | | | | | 1 | 5 | 3 | 2 |
| 6 | | 1 | | | 7 | | | |
| | 9 | | | | | 8 | 2 | 7 |
| 7 | 5 | 2 | 4 | | | | | |
| | | 7 | | | 9 | 1 | | 3 |
| 9 | 2 | | 7 | | | | 5 | |
| | | | | 3 | | | | |

## SUDOKU 2

| | | | | | | | | |
|---|---|---|---|---|---|---|---|---|
| | | | | | | | | |
| 5 | | 3 | 6 | | | | 4 | 7 |
| 4 | 2 | 6 | | | 1 | 9 | | |
| | | | | | | | | |
| 3 | 7 | 4 | 1 | | | | 2 | |
| 9 | | 2 | | 4 | 3 | 6 | | |
| | | 9 | 5 | | 2 | | 3 | |
| 7 | | | | | 9 | 4 | 8 | |
| | 3 | | | | | | | |

## SUDOKU 3

| | | | | | | | | |
|---|---|---|---|---|---|---|---|---|
| | | | | 5 | | | 3 | 9 |
| 8 | | | | | | | 2 | 4 |
| | 3 | 1 | 2 | | 9 | | | |
| | 6 | | | | 8 | | 7 | 1 |
| | | | | | 6 | 9 | | |
| | 9 | | 4 | 1 | | 8 | 6 | 2 |
| 9 | 1 | | 6 | | | 2 | 8 | 3 |
| | | 6 | | | | 4 | | |
| | | 3 | 9 | | | | 1 | 6 |

## SUDOKU 4

| | | | | | | | | |
|---|---|---|---|---|---|---|---|---|
| | 1 | | 3 | | | | | 2 |
| | | 5 | | | 8 | 4 | | |
| | | | | | | 1 | | 8 |
| | | 3 | | 2 | | 6 | 8 | |
| 5 | | | 8 | | | | | 1 |
| 1 | 2 | | | | | 3 | | |
| 6 | | | 9 | | | | 4 | 5 |
| | | | | 4 | 3 | | | 6 |
| | | 4 | | 8 | | 2 | | |

## SUDOKU 5

| | | | | | | | | |
|---|---|---|---|---|---|---|---|---|
| 9 | | | | 1 | 4 | 5 | | |
| 5 | | 1 | | | | | 3 | 4 |
| | | | 5 | | | | 8 | |
| | | | 1 | 6 | | 2 | 9 | |
| 3 | | | | | | | 6 | |
| | 7 | 2 | 8 | | | | | 3 |
| 2 | | 8 | | | | | | |
| | | | 7 | 4 | | | | |
| 7 | 4 | | 2 | | 1 | | 5 | |

## SUDOKU 6

| | | | | | | | | |
|---|---|---|---|---|---|---|---|---|
| 2 | | | | 3 | | | 4 | 8 |
| | 3 | 5 | 2 | | | 6 | | |
| | | | | | 4 | | | |
| 5 | 2 | 6 | 9 | | | | | |
| 8 | 1 | | | 2 | | | | |
| | | 3 | | | | 5 | 2 | 7 |
| 3 | 5 | 8 | | | | | 1 | |
| | | | 1 | | | 8 | | 3 |
| | | | | 8 | | 4 | 5 | 6 |

## SUDOKU 7

| | | | | | | | | |
|---|---|---|---|---|---|---|---|---|
| | 4 | | 1 | 7 | | 2 | | |
| | | | | | | | 7 | |
| 3 | | 2 | | | 8 | | | 4 |
| | | | 2 | | 1 | | | 9 |
| | | | 8 | 3 | 7 | 1 | | |
| 1 | 2 | 3 | | 9 | | | | |
| | 1 | 9 | | | | 4 | | |
| 2 | | | 5 | 4 | 3 | | | |
| 8 | 3 | 4 | | | | | | 6 |

## SUDOKU 8

| | | | | | | | | |
|---|---|---|---|---|---|---|---|---|
| | 6 | | | | | | | 7 |
| 7 | 2 | | | | 9 | | | |
| | | 3 | 7 | | | | 6 | |
| | | 5 | 8 | 1 | | | | |
| 2 | | | | | 6 | | | 8 |
| | | | | 9 | | | 1 | |
| | 5 | 8 | 1 | | | 7 | 9 | |
| | | 2 | | | 7 | | | |
| 9 | | | | 6 | 5 | 1 | | 2 |

## SUDOKU 9

| | | | | | | | | |
|---|---|---|---|---|---|---|---|---|
| 3 | 1 | | | | | 7 | | 5 |
| | | 4 | 9 | | 1 | 2 | | |
| 5 | | | | 4 | | | | |
| | 8 | | | 3 | | | 6 | 7 |
| 4 | | 6 | | 8 | 7 | | | |
| 2 | | | | | | 8 | | |
| 8 | | | 6 | 9 | | 1 | 7 | |
| | | | | 1 | 2 | | | |
| | | | | | | 9 | | 6 |

## SUDOKU 10

| | | | | | | | | |
|---|---|---|---|---|---|---|---|---|
| 3 | 2 | | 1 | | | | 8 | |
| | | | | 9 | 3 | 4 | 5 | |
| | | 1 | | 4 | | | | |
| | 7 | 2 | | 6 | | | 3 | 5 |
| 8 | | 3 | | | | | | |
| | | | | | | 7 | 2 | |
| | | | | 8 | | | 6 | |
| 5 | | 6 | 7 | 1 | | | | |
| | | 9 | | | 6 | 5 | | 7 |

## SUDOKU 11

| | | | | | | | | |
|---|---|---|---|---|---|---|---|---|
| | | 4 | 7 | | | | | |
| 9 | | | | | 8 | | 3 | |
| | 6 | 7 | | | 2 | | 5 | 8 |
| | | | | | 6 | | 1 | |
| 6 | | 3 | 9 | | | 5 | 7 | |
| | | 1 | 8 | | | | | 4 |
| | | | | | | | | |
| | 5 | | 6 | | | | | 3 |
| 7 | | | | | 1 | 2 | | |

## SUDOKU 12

| | | | | | | | | |
|---|---|---|---|---|---|---|---|---|
| | 1 | | | | 7 | 3 | | |
| 2 | | | | | 8 | | | |
| 8 | 7 | | 6 | | | 9 | 4 | |
| 7 | | 8 | | 3 | 1 | | | 9 |
| 3 | | | | | | | 2 | |
| | | 2 | | 5 | | | 3 | |
| 9 | | | 5 | 4 | | 6 | | 1 |
| | | | | 7 | | | 9 | |
| | | | | | 6 | 2 | | |

## SUDOKU 13

| | | | | | | | | |
|---|---|---|---|---|---|---|---|---|
| | | | 1 | | | | | |
| 1 | 8 | | | | 6 | | | 5 |
| | | 2 | | 5 | | 9 | 6 | |
| | | | | | 5 | | 7 | 8 |
| 5 | 4 | 9 | | | | 6 | | |
| | | | | 3 | | 2 | 5 | 9 |
| 9 | 2 | 1 | | | 8 | | | |
| | 6 | 8 | | 7 | | | | |
| 7 | | | | | | 8 | 9 | 6 |

## SUDOKU 14

| | | | | | | | | |
|---|---|---|---|---|---|---|---|---|
| 9 | | 8 | | 7 | | | 6 | |
| 6 | | | | | | 2 | | 7 |
| | 2 | | | | 8 | 4 | | |
| | 7 | | | | 6 | | | 2 |
| 2 | 8 | | | | | | | |
| 1 | | | 8 | | | | 4 | |
| 7 | | | | 8 | | | 1 | |
| | 9 | | 6 | 1 | | | | |
| | 4 | 1 | | | 5 | 9 | | |

## SUDOKU 15

| | | | | | | | | |
|---|---|---|---|---|---|---|---|---|
| | 7 | 9 | 1 | | 6 | 5 | | |
| | | 3 | | | | | | 1 |
| 2 | | | | | 3 | 8 | | |
| 8 | | 7 | | 1 | 9 | | | 4 |
| | | 6 | 5 | | | | | 8 |
| | | | | | 2 | 9 | | |
| | 4 | | 9 | | | | | 3 |
| | | | | | | | | |
| 6 | | | | 7 | | 1 | | |

## SUDOKU 16

| | | | | | | | | |
|---|---|---|---|---|---|---|---|---|
| 8 | 6 | 4 | | 7 | | | | |
| | | | 1 | 8 | 2 | | 6 | |
| | | | 6 | | 4 | 7 | | |
| | 4 | | 8 | 3 | 9 | | | |
| 3 | 2 | 8 | | | | 5 | | |
| 7 | | 6 | | | | | 3 | |
| 4 | 8 | | 2 | | | 3 | | |
| | | 3 | | 1 | 6 | | 4 | |
| | | | | | | | | 1 |

## SUDOKU 17

| | | | | | | | | |
|---|---|---|---|---|---|---|---|---|
| 4 | | | 6 | 3 | | 1 | 7 | |
| | | 5 | 4 | 1 | | 8 | 3 | |
| | 1 | | | 5 | | | 6 | |
| | | | | | | 5 | | |
| 1 | | 2 | | 6 | | 3 | | |
| | | 3 | 7 | | | | 4 | |
| 6 | | 4 | 1 | | | | 9 | |
| | | | 3 | | | | | |
| 8 | | | | 9 | | 7 | | |

## SUDOKU 18

| | | | | | | | | |
|---|---|---|---|---|---|---|---|---|
| | | | | | 4 | | 3 | 8 |
| 3 | | 4 | | | 7 | 1 | | |
| | | | 2 | | | 5 | | |
| 6 | | 3 | 4 | 1 | | 7 | | 5 |
| 8 | | 5 | 6 | 7 | | 3 | | 9 |
| 7 | 1 | | | | | 8 | 4 | |
| 4 | | | | 8 | | | | |
| 5 | | | | | 6 | 4 | | 3 |
| | 3 | 6 | | | 5 | | | |

## SUDOKU 19

| | | | | | | | | |
|---|---|---|---|---|---|---|---|---|
| | | 1 | | 3 | | 8 | | |
| | | | | 2 | | 3 | 5 | 4 |
| | | | 4 | 8 | 9 | 6 | | |
| | | 9 | | 5 | 3 | | | |
| | | | | | 4 | 7 | | 5 |
| | 6 | 7 | | | | 4 | 3 | |
| | | 4 | | | | 5 | 8 | |
| | | | 3 | 4 | | | 1 | |
| 3 | | 6 | | 9 | 5 | | | |

## SUDOKU 20

| | | | | | | | | |
|---|---|---|---|---|---|---|---|---|
| 9 | | 5 | 7 | | | 1 | 4 | |
| 6 | | 1 | | 2 | | 9 | 7 | |
| | | 4 | | | 9 | 2 | | |
| | | 7 | | 1 | | | 5 | |
| 1 | | | 9 | 8 | | 4 | | |
| 2 | | | | | | | | |
| | | | | | | | 1 | |
| 5 | | | 6 | | | 3 | | |
| | | 3 | 4 | 7 | | | 9 | |

## SUDOKU 21

| | | | | | | | | |
|---|---|---|---|---|---|---|---|---|
| | | 7 | | | 8 | 2 | | |
| | | | | | | | | |
| | 6 | | 5 | | | | | 9 |
| 8 | | 1 | | 5 | 2 | | | 6 |
| | | | | 4 | | 5 | | |
| 7 | | | 3 | | | | | 1 |
| | | 4 | | 9 | | 1 | | |
| 5 | 8 | | 2 | 7 | | 3 | | |
| 9 | | | | | | | | 2 |

## SUDOKU 22

| | | | | | | | | |
|---|---|---|---|---|---|---|---|---|
| | 9 | 4 | 6 | | | | | 5 |
| | | 8 | | | 5 | 3 | | 2 |
| | | | | 8 | | | | |
| | 5 | | 9 | 2 | 1 | | | 7 |
| 6 | | 9 | 3 | | 8 | 1 | | |
| | | | | | | | | |
| | 1 | | 5 | | 2 | | 9 | 8 |
| | | 2 | 8 | 6 | 9 | 7 | | |
| | | | | | | | | |

**SUDOKU 23**

| | | | | | | | | |
|---|---|---|---|---|---|---|---|---|
| 8 | | 2 | 1 | | 5 | | | 9 |
| | | | | | | | | |
| 9 | 7 | 1 | | 4 | | | 3 | |
| | | | | | | | | |
| 1 | 5 | 8 | 7 | | | | | 3 |
| 7 | | 4 | | 9 | | 1 | 8 | |
| | | 5 | 6 | 1 | | | 4 | |
| 4 | | | 8 | | | | 7 | 2 |
| | 8 | | | | | | | |

**SUDOKU 24**

| | | | | | | | | |
|---|---|---|---|---|---|---|---|---|
| | 5 | 3 | | | | | | 4 |
| | | 8 | | | 3 | 1 | | |
| 9 | | | 4 | | | | 3 | 6 |
| 8 | | | 6 | | | | | 2 |
| | | | 2 | 1 | | 5 | | |
| | | 1 | | | 5 | 4 | 8 | |
| | 8 | | | | 6 | 3 | | |
| | | | | | | 2 | | 8 |
| 5 | | | | 2 | | | | 1 |

## SUDOKU 25

| | | | | | | | | |
|---|---|---|---|---|---|---|---|---|
| 9 | | 3 | 4 | 1 | | | 7 | 6 |
| | 8 | 7 | | | | 5 | 1 | |
| 6 | | 1 | 8 | 5 | | | 4 | 3 |
| | | | | 7 | | | 8 | |
| | | | | | 6 | 3 | | 4 |
| 3 | | 8 | | | 4 | | 6 | |
| | | 5 | | | 1 | | 3 | 8 |
| | | 6 | 2 | | | | | |
| 7 | 3 | | | | 8 | | | |

## SUDOKU 26

| | | | | | | | | |
|---|---|---|---|---|---|---|---|---|
| | 3 | | 2 | | | | 5 | 4 |
| | | | | | 1 | 2 | | |
| | 2 | 5 | | 4 | 9 | | | |
| | | | 6 | | 3 | 5 | 7 | |
| | 9 | | | | 7 | | | |
| 8 | | 6 | | 9 | | 1 | | |
| 4 | 8 | | | | 2 | 6 | | 5 |
| | | | | | | 8 | 4 | |
| | 6 | 1 | | | | | | |

## SUDOKU 27

| | | | | | | | | |
|---|---|---|---|---|---|---|---|---|
| | | 4 | 6 | 9 | | 1 | | |
| | | | | | | | | 6 |
| 8 | 1 | | | | 5 | | 4 | |
| | | | 8 | 5 | 6 | 9 | | |
| | | | | 1 | 9 | | 7 | |
| 9 | 8 | 1 | 7 | | | | | |
| | 7 | 9 | | | | 4 | | |
| 5 | 4 | 8 | | | | | 3 | |
| 1 | | | 4 | 2 | 8 | | | |

## SUDOKU 28

| | | | | | | | | |
|---|---|---|---|---|---|---|---|---|
| 4 | | | 6 | | | | 2 | |
| | 5 | | | | | | 9 | |
| 2 | 9 | | 3 | | 1 | 7 | | |
| | 2 | 9 | | 3 | | | 4 | 6 |
| | | 5 | | | 6 | | | 8 |
| | 6 | | | | 5 | | | |
| | | | 5 | | | | 7 | |
| | 3 | | 7 | 4 | | 8 | | 1 |
| | | | | | 3 | | | 2 |

## SUDOKU 29

|   |   |   |   |   |   |   |   |   |
|---|---|---|---|---|---|---|---|---|
|   | 3 | 8 |   | 7 |   |   |   |   |
|   |   | 4 | 6 |   |   | 8 |   |   |
| 2 |   |   |   | 5 | 8 |   |   | 7 |
| 4 |   |   |   | 1 |   |   |   | 5 |
|   |   |   | 3 |   |   |   | 6 | 1 |
|   |   | 6 | 7 |   | 4 | 3 |   |   |
| 3 |   |   |   | 6 |   |   | 1 |   |
|   | 4 |   | 8 |   |   | 5 |   |   |
|   |   |   | 1 | 4 |   |   |   |   |

## SUDOKU 30

|   |   |   |   |   |   |   |   |   |
|---|---|---|---|---|---|---|---|---|
|   |   | 9 |   |   | 5 | 2 |   |   |
| 6 |   |   |   | 4 |   |   | 9 | 3 |
|   |   |   | 7 |   | 9 |   |   | 6 |
|   | 1 |   |   | 7 |   |   |   | 2 |
|   |   |   |   |   |   | 1 |   | 5 |
|   |   | 3 | 5 |   |   | 9 |   |   |
| 3 |   |   |   | 5 |   |   |   | 1 |
| 1 | 2 |   |   |   |   | 7 |   |   |
|   |   | 7 |   |   | 2 | 6 | 5 |   |

## SUDOKU 31

| | | | | | | | | |
|---|---|---|---|---|---|---|---|---|
| | | | 8 | | | | | |
| 4 | 6 | | 3 | | | | | 9 |
| | 7 | | | | 9 | | 2 | |
| | | | | | | | 1 | |
| 8 | | | 2 | | | | | 4 |
| 5 | 3 | | | | 6 | | 8 | |
| 1 | | | 4 | | 3 | | 7 | 8 |
| | 4 | | 6 | | 8 | | 3 | 2 |
| | | 3 | | | 1 | | | 6 |

## SUDOKU 32

| | | | | | | | | |
|---|---|---|---|---|---|---|---|---|
| | | 4 | 3 | | | | 8 | |
| | | | 8 | | | | | 3 |
| | 5 | 3 | | | 1 | | 7 | 2 |
| 4 | | 6 | | 9 | 5 | | | 1 |
| | 9 | | | 8 | | | | |
| | | 2 | 1 | | | | | |
| | 7 | | | | | | | 8 |
| 9 | | | 6 | 1 | | 2 | | 7 |
| | 2 | | | 3 | | 5 | | |

## SUDOKU 33

| | | | | | | | | |
|---|---|---|---|---|---|---|---|---|
| 1 | | | 3 | 7 | | | | |
| | | | | | 5 | 6 | 4 | 1 |
| | 2 | | 4 | 1 | 9 | | | |
| 5 | | | 1 | | | 3 | | 8 |
| | | 8 | | | | | | |
| | 1 | | | 5 | 4 | | 9 | |
| | | | 5 | 4 | 3 | | | 7 |
| | 7 | | | | | 5 | 3 | |
| 3 | | | | | | 9 | 8 | 4 |

## SUDOKU 34

| | | | | | | | | |
|---|---|---|---|---|---|---|---|---|
| | | | 3 | | 8 | | | 4 |
| | 7 | 3 | 4 | 5 | | | | |
| | | 2 | | | | 8 | | 5 |
| | | | | 6 | | 4 | 5 | |
| 5 | | 7 | | | | 2 | | 8 |
| | | 4 | 8 | 9 | | | | |
| | | | 7 | | | 9 | 4 | 2 |
| | | | 5 | 8 | 4 | 1 | | |
| | | 6 | 9 | | | 5 | | |

## SUDOKU 35

| | | | | | | | | |
|---|---|---|---|---|---|---|---|---|
| 3 | | 1 | | | | | | 6 |
| 2 | 8 | | 7 | | 1 | | | |
| | | | 3 | | | | 8 | 4 |
| | 3 | | | | | 8 | 5 | |
| 8 | 1 | | 2 | | | | | |
| | | | 5 | 7 | | | 3 | 1 |
| 9 | | | | | | 3 | 1 | 8 |
| 4 | 2 | 3 | | | | | 7 | |
| 1 | | | 6 | | | | 4 | |

## SUDOKU 36

| | | | | | | | | |
|---|---|---|---|---|---|---|---|---|
| | | | | 4 | | 1 | | 5 |
| | | 5 | | | 9 | | 3 | |
| 1 | | | | | | 8 | | |
| 3 | | | | 2 | | | | 6 |
| | | 6 | 3 | | | | | |
| | | | 9 | | 6 | | 8 | |
| | | | | 9 | | | 6 | |
| | 1 | 9 | | | 8 | 3 | 4 | |
| 8 | 6 | | 4 | 5 | | | | 1 |

## SUDOKU 37

| | | | | | | | | |
|---|---|---|---|---|---|---|---|---|
| 7 | 2 | | 9 | 5 | | | | 4 |
| 1 | | | 2 | | | 5 | | |
| 5 | 4 | | 7 | 8 | | | 1 | |
| | 9 | | 4 | | | | 7 | |
| | | | | 1 | | | | |
| 2 | | | | 7 | | | 3 | 5 |
| | 5 | | 6 | | | | 4 | 2 |
| | 7 | | | | | | | |
| 6 | | | | 9 | | | | 8 |

## SUDOKU 38

| | | | | | | | | |
|---|---|---|---|---|---|---|---|---|
| 6 | | 3 | 8 | | | | | |
| | 9 | | | 5 | | 3 | | |
| 1 | | | | | | | | 6 |
| 9 | 8 | | | 1 | | 5 | 6 | |
| | 7 | | 5 | | | | | |
| | | 6 | 3 | | 8 | | 7 | 1 |
| | 1 | | | 7 | 5 | | | |
| | | | | | 9 | 7 | | |
| | | 7 | 2 | | | | | 9 |

**SUDOKU 39**

| | | | | | | | | |
|---|---|---|---|---|---|---|---|---|
| | 4 | 7 | | 6 | | | | |
| 1 | | | | | 4 | | 8 | |
| | | 8 | | | | 4 | | |
| | | | 6 | | | | 2 | |
| | 7 | | | 8 | | 3 | | |
| 9 | | | 2 | | 3 | | | |
| 3 | | 9 | | | 2 | | 6 | 4 |
| | 6 | | 8 | 9 | | 7 | | 2 |
| 7 | | | | 4 | | | | |

**SUDOKU 40**

| | | | | | | | | |
|---|---|---|---|---|---|---|---|---|
| | | 4 | | | | | | |
| 8 | | | | | 3 | | | 7 |
| | | 6 | 9 | | 1 | 8 | | |
| | | | | | | | | 5 |
| | | 7 | 4 | | | 9 | | |
| 1 | | | 2 | | 6 | | | 4 |
| 6 | | 9 | 5 | | | 4 | | 3 |
| 4 | | 1 | | | 9 | 7 | | 6 |
| 5 | | | | 6 | | 1 | | |

## SUDOKU 41

| | | | | | | | | |
|---|---|---|---|---|---|---|---|---|
| | | 4 | | | | | | |
| 8 | | | | | 3 | | | 7 |
| | | 6 | 9 | | 1 | 8 | | |
| | | | | | | | | 5 |
| | | 7 | 4 | | | 9 | | |
| 1 | | | 2 | | 6 | | | 4 |
| 6 | | 9 | 5 | | | 4 | | 3 |
| 4 | | 1 | | | 9 | 7 | | 6 |
| 5 | | | | 6 | | 1 | | |

## SUDOKU 42

| | | | | | | | | |
|---|---|---|---|---|---|---|---|---|
| | 7 | 4 | | 3 | | | | 9 |
| | | | 7 | 9 | | 4 | 6 | |
| 9 | | | | | | | 5 | |
| 1 | 4 | | | | | | | |
| 2 | | 7 | | 1 | 4 | | 9 | |
| | | | 5 | 2 | | | | |
| 5 | | | 2 | | 1 | 6 | | |
| 7 | 8 | | | | | | 3 | 2 |
| | | | | 6 | | | 8 | |

## SUDOKU 43

| | | | | | | | | |
|---|---|---|---|---|---|---|---|---|
| 8 | | | 5 | | | 7 | 6 | |
| 5 | 6 | | | 7 | 4 | | | |
| | | | | | 2 | | | 5 |
| 4 | | | | | 3 | | | |
| | | | 1 | | 8 | | 3 | 6 |
| | 1 | 9 | | 4 | | | | 2 |
| | | | | | | | 7 | 9 |
| 9 | | 7 | | | 5 | 6 | | 1 |
| 1 | 2 | | | | | | | |

## SUDOKU 44

| | | | | | | | | |
|---|---|---|---|---|---|---|---|---|
| | | 5 | 7 | 9 | | | | 4 |
| | | | | | | | | |
| | 2 | | | | 5 | 9 | 8 | |
| | | | 4 | | 2 | 3 | 1 | |
| | 8 | | 1 | | | | | |
| | | 3 | | 6 | | | 9 | |
| | 4 | | 5 | | | 7 | | |
| | | 1 | | | | | 5 | |
| | | | 3 | 2 | | | 4 | 6 |

## SUDOKU 45

| | | | | | | | | |
|---|---|---|---|---|---|---|---|---|
| 3 | | | | | | | 7 | |
| | 4 | 6 | | | | 1 | | |
| 8 | | | 1 | 6 | | 9 | | |
| 1 | 6 | | | 3 | | 5 | | |
| | | | | 1 | | | | 4 |
| | | | 5 | | 6 | 3 | | |
| 6 | 2 | | 3 | 4 | | | 5 | 9 |
| 9 | 3 | | 6 | 5 | | | 1 | 8 |
| 4 | | 1 | | 9 | 8 | | | |

## SUDOKU 46

| | | | | | | | | |
|---|---|---|---|---|---|---|---|---|
| | | | | 2 | 7 | | | 4 |
| | 5 | 2 | | | | 7 | 6 | |
| 3 | | | | 6 | 8 | | | |
| | | | 7 | | | 9 | | |
| | | 7 | 3 | 9 | 6 | | 8 | 5 |
| | | 9 | | 1 | 5 | 3 | | |
| | 9 | | 8 | | | | | |
| 7 | | 5 | 6 | 3 | 2 | | 9 | |
| | 2 | | | 5 | 9 | | 7 | |

## SUDOKU 47

| | | | | | | | | |
|---|---|---|---|---|---|---|---|---|
| 7 | | | 5 | | | | 6 | |
| | 2 | | | 9 | 6 | | | 8 |
| 5 | | 8 | | 2 | | | | |
| | 7 | | | 1 | | 6 | | |
| | | | 6 | 5 | | | | |
| | | 5 | 8 | | | | 2 | |
| 9 | | | 7 | | 1 | | 4 | |
| | | | 9 | | | 2 | | 1 |
| | 1 | | | 8 | | | | 6 |

## SUDOKU 48

| | | | | | | | | |
|---|---|---|---|---|---|---|---|---|
| | | 2 | | 7 | 1 | 8 | | |
| 6 | | 3 | | | 8 | 2 | 5 | 1 |
| 8 | | | | | | 3 | | |
| | | | | 2 | | | 3 | |
| 3 | 2 | | 8 | | | | 4 | |
| | 8 | | 4 | 3 | | 9 | 1 | 2 |
| | 4 | 6 | 5 | | 3 | | | 7 |
| | | | 2 | | | | | |
| | | 5 | | | | | | |

## SUDOKU 49

|   |   |   |   |   |   |   |   |   |
|---|---|---|---|---|---|---|---|---|
|   |   | 9 |   |   | 1 |   | 7 |   |
| 8 |   |   | 5 |   |   | 6 |   |   |
|   |   |   |   |   |   |   |   |   |
|   |   | 1 | 3 | 6 |   | 8 |   | 7 |
|   |   | 3 |   | 5 |   |   | 2 |   |
| 7 |   |   |   |   |   |   |   | 4 |
| 3 |   |   | 4 |   |   |   |   | 9 |
| 2 |   |   |   | 7 | 6 |   | 8 | 5 |
|   |   | 8 |   | 9 |   |   |   |   |

## SUDOKU 50

|   |   |   |   |   |   |   |   |   |
|---|---|---|---|---|---|---|---|---|
|   |   | 9 |   |   | 1 |   | 7 |   |
| 8 |   |   | 5 |   |   | 6 |   |   |
|   |   |   |   |   |   |   |   |   |
|   |   | 1 | 3 | 6 |   | 8 |   | 7 |
|   |   | 3 |   | 5 |   |   | 2 |   |
| 7 |   |   |   |   |   |   |   | 4 |
| 3 |   |   | 4 |   |   |   |   | 9 |
| 2 |   |   |   | 7 | 6 |   | 8 | 5 |
|   |   | 8 |   | 9 |   |   |   |   |

# GABARITO

# NIVEL DIFICIL

**SUDOKU 1**

| | | | | | | | | |
|---|---|---|---|---|---|---|---|---|
| 5 | 3 | 8 | 6 | 7 | 2 | 9 | 1 | 4 |
| 2 | 1 | 9 | 5 | 4 | 3 | 7 | 8 | 6 |
| 4 | 7 | 6 | 9 | 8 | 1 | 5 | 3 | 2 |
| 6 | 8 | 1 | 3 | 2 | 7 | 4 | 9 | 5 |
| 3 | 9 | 4 | 1 | 6 | 5 | 8 | 2 | 7 |
| 7 | 5 | 2 | 4 | 9 | 8 | 3 | 6 | 1 |
| 8 | 6 | 7 | 2 | 5 | 9 | 1 | 4 | 3 |
| 9 | 2 | 3 | 7 | 1 | 4 | 6 | 5 | 8 |
| 1 | 4 | 5 | 8 | 3 | 6 | 2 | 7 | 9 |

**SUDOKU 2**

| | | | | | | | | |
|---|---|---|---|---|---|---|---|---|
| 8 | 1 | 7 | 9 | 5 | 4 | 2 | 6 | 3 |
| 5 | 9 | 3 | 6 | 2 | 8 | 1 | 4 | 7 |
| 4 | 2 | 6 | 7 | 3 | 1 | 9 | 5 | 8 |
| 6 | 8 | 1 | 2 | 7 | 5 | 3 | 9 | 4 |
| 3 | 7 | 4 | 1 | 9 | 6 | 8 | 2 | 5 |
| 9 | 5 | 2 | 8 | 4 | 3 | 6 | 7 | 1 |
| 1 | 4 | 9 | 5 | 8 | 2 | 7 | 3 | 6 |
| 7 | 6 | 5 | 3 | 1 | 9 | 4 | 8 | 2 |
| 2 | 3 | 8 | 4 | 6 | 7 | 5 | 1 | 9 |

## SUDOKU 3

| | | | | | | | | |
|---|---|---|---|---|---|---|---|---|
| 2 | 4 | 7 | 8 | 5 | 1 | 6 | 3 | 9 |
| 8 | 5 | 9 | 7 | 6 | 3 | 1 | 2 | 4 |
| 6 | 3 | 1 | 2 | 4 | 9 | 7 | 5 | 8 |
| 4 | 6 | 2 | 5 | 9 | 8 | 3 | 7 | 1 |
| 1 | 7 | 8 | 3 | 2 | 6 | 9 | 4 | 5 |
| 3 | 9 | 5 | 4 | 1 | 7 | 8 | 6 | 2 |
| 9 | 1 | 4 | 6 | 7 | 5 | 2 | 8 | 3 |
| 5 | 8 | 6 | 1 | 3 | 2 | 4 | 9 | 7 |
| 7 | 2 | 3 | 9 | 8 | 4 | 5 | 1 | 6 |

## SUDOKU 4

| | | | | | | | | |
|---|---|---|---|---|---|---|---|---|
| 8 | 1 | 7 | 3 | 9 | 4 | 5 | 6 | 2 |
| 3 | 6 | 5 | 2 | 1 | 8 | 4 | 7 | 9 |
| 4 | 9 | 2 | 7 | 5 | 6 | 1 | 3 | 8 |
| 9 | 7 | 3 | 1 | 2 | 5 | 6 | 8 | 4 |
| 5 | 4 | 6 | 8 | 3 | 7 | 9 | 2 | 1 |
| 1 | 2 | 8 | 4 | 6 | 9 | 3 | 5 | 7 |
| 6 | 3 | 1 | 9 | 7 | 2 | 8 | 4 | 5 |
| 2 | 8 | 9 | 5 | 4 | 3 | 7 | 1 | 6 |
| 7 | 5 | 4 | 6 | 8 | 1 | 2 | 9 | 3 |

## SUDOKU 5

| | | | | | | | | |
|---|---|---|---|---|---|---|---|---|
| 9 | 8 | 6 | 3 | 1 | 4 | 5 | 7 | 2 |
| 5 | 2 | 1 | 6 | 7 | 8 | 9 | 3 | 4 |
| 4 | 3 | 7 | 5 | 9 | 2 | 1 | 8 | 6 |
| 8 | 5 | 4 | 1 | 6 | 3 | 2 | 9 | 7 |
| 3 | 1 | 9 | 4 | 2 | 7 | 8 | 6 | 5 |
| 6 | 7 | 2 | 8 | 5 | 9 | 4 | 1 | 3 |
| 2 | 6 | 8 | 9 | 3 | 5 | 7 | 4 | 1 |
| 1 | 9 | 5 | 7 | 4 | 6 | 3 | 2 | 8 |
| 7 | 4 | 3 | 2 | 8 | 1 | 6 | 5 | 9 |

## SUDOKU 6

| | | | | | | | | |
|---|---|---|---|---|---|---|---|---|
| 2 | 7 | 1 | 5 | 3 | 6 | 9 | 4 | 8 |
| 4 | 3 | 5 | 2 | 9 | 8 | 6 | 7 | 1 |
| 6 | 8 | 9 | 7 | 1 | 4 | 2 | 3 | 5 |
| 5 | 2 | 6 | 9 | 7 | 3 | 1 | 8 | 4 |
| 8 | 1 | 7 | 4 | 2 | 5 | 3 | 6 | 9 |
| 9 | 4 | 3 | 8 | 6 | 1 | 5 | 2 | 7 |
| 3 | 5 | 8 | 6 | 4 | 9 | 7 | 1 | 2 |
| 7 | 6 | 4 | 1 | 5 | 2 | 8 | 9 | 3 |
| 1 | 9 | 2 | 3 | 8 | 7 | 4 | 5 | 6 |

**SUDOKU 7**

| | | | | | | | | |
|---|---|---|---|---|---|---|---|---|
| 9 | 4 | 5 | 1 | 7 | 6 | 2 | 8 | 3 |
| 6 | 8 | 1 | 3 | 2 | 4 | 9 | 7 | 5 |
| 3 | 7 | 2 | 9 | 5 | 8 | 6 | 1 | 4 |
| 7 | 5 | 8 | 2 | 6 | 1 | 3 | 4 | 9 |
| 4 | 9 | 6 | 8 | 3 | 7 | 1 | 5 | 2 |
| 1 | 2 | 3 | 4 | 9 | 5 | 7 | 6 | 8 |
| 5 | 1 | 9 | 6 | 8 | 2 | 4 | 3 | 7 |
| 2 | 6 | 7 | 5 | 4 | 3 | 8 | 9 | 1 |
| 8 | 3 | 4 | 7 | 1 | 9 | 5 | 2 | 6 |

**SUDOKU 8**

| | | | | | | | | |
|---|---|---|---|---|---|---|---|---|
| 1 | 6 | 9 | 4 | 3 | 8 | 5 | 2 | 7 |
| 7 | 2 | 4 | 6 | 5 | 9 | 8 | 3 | 1 |
| 5 | 8 | 3 | 7 | 2 | 1 | 4 | 6 | 9 |
| 4 | 9 | 5 | 8 | 1 | 3 | 2 | 7 | 6 |
| 2 | 3 | 1 | 5 | 7 | 6 | 9 | 4 | 8 |
| 8 | 7 | 6 | 2 | 9 | 4 | 3 | 1 | 5 |
| 6 | 5 | 8 | 1 | 4 | 2 | 7 | 9 | 3 |
| 3 | 1 | 2 | 9 | 8 | 7 | 6 | 5 | 4 |
| 9 | 4 | 7 | 3 | 6 | 5 | 1 | 8 | 2 |

## SUDOKU 9

| | | | | | | | | |
|---|---|---|---|---|---|---|---|---|
| 3 | 1 | 9 | 8 | 2 | 6 | 7 | 4 | 5 |
| 7 | 6 | 4 | 9 | 5 | 1 | 2 | 3 | 8 |
| 5 | 2 | 8 | 7 | 4 | 3 | 6 | 9 | 1 |
| 9 | 8 | 1 | 2 | 3 | 5 | 4 | 6 | 7 |
| 4 | 3 | 6 | 1 | 8 | 7 | 5 | 2 | 9 |
| 2 | 7 | 5 | 4 | 6 | 9 | 8 | 1 | 3 |
| 8 | 5 | 3 | 6 | 9 | 4 | 1 | 7 | 2 |
| 6 | 9 | 7 | 5 | 1 | 2 | 3 | 8 | 4 |
| 1 | 4 | 2 | 3 | 7 | 8 | 9 | 5 | 6 |

## SUDOKU 10

| | | | | | | | | |
|---|---|---|---|---|---|---|---|---|
| 3 | 2 | 4 | 1 | 5 | 7 | 6 | 8 | 9 |
| 7 | 6 | 8 | 2 | 9 | 3 | 4 | 5 | 1 |
| 9 | 5 | 1 | 6 | 4 | 8 | 3 | 7 | 2 |
| 1 | 7 | 2 | 9 | 6 | 4 | 8 | 3 | 5 |
| 8 | 4 | 3 | 5 | 7 | 2 | 1 | 9 | 6 |
| 6 | 9 | 5 | 8 | 3 | 1 | 7 | 2 | 4 |
| 2 | 1 | 7 | 4 | 8 | 5 | 9 | 6 | 3 |
| 5 | 3 | 6 | 7 | 1 | 9 | 2 | 4 | 8 |
| 4 | 8 | 9 | 3 | 2 | 6 | 5 | 1 | 7 |

**SUDOKU 11**

| | | | | | | | | |
|---|---|---|---|---|---|---|---|---|
| 8 | 1 | 4 | 7 | 5 | 3 | 9 | 2 | 6 |
| 9 | 2 | 5 | 4 | 6 | 8 | 7 | 3 | 1 |
| 3 | 6 | 7 | 1 | 9 | 2 | 4 | 5 | 8 |
| 4 | 7 | 2 | 5 | 3 | 6 | 8 | 1 | 9 |
| 6 | 8 | 3 | 9 | 1 | 4 | 5 | 7 | 2 |
| 5 | 9 | 1 | 8 | 2 | 7 | 3 | 6 | 4 |
| 1 | 3 | 9 | 2 | 4 | 5 | 6 | 8 | 7 |
| 2 | 5 | 8 | 6 | 7 | 9 | 1 | 4 | 3 |
| 7 | 4 | 6 | 3 | 8 | 1 | 2 | 9 | 5 |

**SUDOKU 12**

| | | | | | | | | |
|---|---|---|---|---|---|---|---|---|
| 6 | 1 | 9 | 4 | 2 | 7 | 3 | 5 | 8 |
| 2 | 5 | 4 | 3 | 9 | 8 | 7 | 1 | 6 |
| 8 | 7 | 3 | 6 | 1 | 5 | 9 | 4 | 2 |
| 7 | 4 | 8 | 2 | 3 | 1 | 5 | 6 | 9 |
| 3 | 9 | 5 | 8 | 6 | 4 | 1 | 2 | 7 |
| 1 | 6 | 2 | 7 | 5 | 9 | 8 | 3 | 4 |
| 9 | 2 | 7 | 5 | 4 | 3 | 6 | 8 | 1 |
| 5 | 8 | 6 | 1 | 7 | 2 | 4 | 9 | 3 |
| 4 | 3 | 1 | 9 | 8 | 6 | 2 | 7 | 5 |

## SUDOKU 13

| | | | | | | | | |
|---|---|---|---|---|---|---|---|---|
| 6 | 9 | 5 | 1 | 4 | 7 | 3 | 8 | 2 |
| 1 | 8 | 3 | 2 | 9 | 6 | 7 | 4 | 5 |
| 4 | 7 | 2 | 8 | 5 | 3 | 9 | 6 | 1 |
| 2 | 3 | 6 | 9 | 1 | 5 | 4 | 7 | 8 |
| 5 | 4 | 9 | 7 | 8 | 2 | 6 | 1 | 3 |
| 8 | 1 | 7 | 6 | 3 | 4 | 2 | 5 | 9 |
| 9 | 2 | 1 | 4 | 6 | 8 | 5 | 3 | 7 |
| 3 | 6 | 8 | 5 | 7 | 9 | 1 | 2 | 4 |
| 7 | 5 | 4 | 3 | 2 | 1 | 8 | 9 | 6 |

## SUDOKU 14

| | | | | | | | | |
|---|---|---|---|---|---|---|---|---|
| 9 | 1 | 8 | 4 | 7 | 2 | 5 | 6 | 3 |
| 6 | 3 | 4 | 5 | 9 | 1 | 2 | 8 | 7 |
| 5 | 2 | 7 | 3 | 6 | 8 | 4 | 9 | 1 |
| 4 | 7 | 9 | 1 | 5 | 6 | 8 | 3 | 2 |
| 2 | 8 | 6 | 9 | 4 | 3 | 1 | 7 | 5 |
| 1 | 5 | 3 | 8 | 2 | 7 | 6 | 4 | 9 |
| 7 | 6 | 5 | 2 | 8 | 9 | 3 | 1 | 4 |
| 3 | 9 | 2 | 6 | 1 | 4 | 7 | 5 | 8 |
| 8 | 4 | 1 | 7 | 3 | 5 | 9 | 2 | 6 |

## SUDOKU 15

| | | | | | | | | |
|---|---|---|---|---|---|---|---|---|
| 4 | 7 | 9 | 1 | 8 | 6 | 5 | 3 | 2 |
| 5 | 8 | 3 | 2 | 9 | 4 | 7 | 6 | 1 |
| 2 | 6 | 1 | 7 | 5 | 3 | 8 | 4 | 9 |
| 8 | 2 | 7 | 6 | 1 | 9 | 3 | 5 | 4 |
| 3 | 9 | 6 | 5 | 4 | 7 | 2 | 1 | 8 |
| 1 | 5 | 4 | 8 | 3 | 2 | 9 | 7 | 6 |
| 7 | 4 | 5 | 9 | 2 | 1 | 6 | 8 | 3 |
| 9 | 1 | 8 | 3 | 6 | 5 | 4 | 2 | 7 |
| 6 | 3 | 2 | 4 | 7 | 8 | 1 | 9 | 5 |

## SUDOKU 16

| | | | | | | | | |
|---|---|---|---|---|---|---|---|---|
| 8 | 6 | 4 | 9 | 7 | 3 | 2 | 1 | 5 |
| 5 | 3 | 7 | 1 | 8 | 2 | 4 | 6 | 9 |
| 2 | 1 | 9 | 6 | 5 | 4 | 7 | 8 | 3 |
| 1 | 4 | 5 | 8 | 3 | 9 | 6 | 2 | 7 |
| 3 | 2 | 8 | 7 | 6 | 1 | 5 | 9 | 4 |
| 7 | 9 | 6 | 4 | 2 | 5 | 1 | 3 | 8 |
| 4 | 8 | 1 | 2 | 9 | 7 | 3 | 5 | 6 |
| 9 | 7 | 3 | 5 | 1 | 6 | 8 | 4 | 2 |
| 6 | 5 | 2 | 3 | 4 | 8 | 9 | 7 | 1 |

## SUDOKU 17

| | | | | | | | | |
|---|---|---|---|---|---|---|---|---|
| 4 | 2 | 8 | 6 | 3 | 9 | 1 | 7 | 5 |
| 9 | 6 | 5 | 4 | 1 | 7 | 8 | 3 | 2 |
| 3 | 1 | 7 | 8 | 5 | 2 | 4 | 6 | 9 |
| 7 | 4 | 6 | 9 | 8 | 3 | 5 | 2 | 1 |
| 1 | 9 | 2 | 5 | 6 | 4 | 3 | 8 | 7 |
| 5 | 8 | 3 | 7 | 2 | 1 | 9 | 4 | 6 |
| 6 | 5 | 4 | 1 | 7 | 8 | 2 | 9 | 3 |
| 2 | 7 | 9 | 3 | 4 | 5 | 6 | 1 | 8 |
| 8 | 3 | 1 | 2 | 9 | 6 | 7 | 5 | 4 |

## SUDOKU 18

| | | | | | | | | |
|---|---|---|---|---|---|---|---|---|
| 2 | 7 | 1 | 5 | 6 | 4 | 9 | 3 | 8 |
| 3 | 5 | 4 | 8 | 9 | 7 | 1 | 6 | 2 |
| 9 | 6 | 8 | 2 | 3 | 1 | 5 | 7 | 4 |
| 6 | 9 | 3 | 4 | 1 | 8 | 7 | 2 | 5 |
| 8 | 4 | 5 | 6 | 7 | 2 | 3 | 1 | 9 |
| 7 | 1 | 2 | 3 | 5 | 9 | 8 | 4 | 6 |
| 4 | 2 | 9 | 7 | 8 | 3 | 6 | 5 | 1 |
| 5 | 8 | 7 | 1 | 2 | 6 | 4 | 9 | 3 |
| 1 | 3 | 6 | 9 | 4 | 5 | 2 | 8 | 7 |

## SUDOKU 19

| | | | | | | | | |
|---|---|---|---|---|---|---|---|---|
| 6 | 4 | 1 | 5 | 3 | 7 | 8 | 9 | 2 |
| 9 | 7 | 8 | 6 | 2 | 1 | 3 | 5 | 4 |
| 2 | 3 | 5 | 4 | 8 | 9 | 6 | 7 | 1 |
| 4 | 2 | 9 | 7 | 5 | 3 | 1 | 6 | 8 |
| 8 | 1 | 3 | 9 | 6 | 4 | 7 | 2 | 5 |
| 5 | 6 | 7 | 8 | 1 | 2 | 4 | 3 | 9 |
| 1 | 9 | 4 | 2 | 7 | 6 | 5 | 8 | 3 |
| 7 | 5 | 2 | 3 | 4 | 8 | 9 | 1 | 6 |
| 3 | 8 | 6 | 1 | 9 | 5 | 2 | 4 | 7 |

## SUDOKU 20

| | | | | | | | | |
|---|---|---|---|---|---|---|---|---|
| 9 | 2 | 5 | 7 | 6 | 8 | 1 | 4 | 3 |
| 6 | 8 | 1 | 3 | 2 | 4 | 9 | 7 | 5 |
| 7 | 3 | 4 | 1 | 5 | 9 | 2 | 6 | 8 |
| 3 | 4 | 7 | 2 | 1 | 6 | 8 | 5 | 9 |
| 1 | 5 | 6 | 9 | 8 | 3 | 4 | 2 | 7 |
| 2 | 9 | 8 | 5 | 4 | 7 | 6 | 3 | 1 |
| 4 | 6 | 9 | 8 | 3 | 5 | 7 | 1 | 2 |
| 5 | 7 | 2 | 6 | 9 | 1 | 3 | 8 | 4 |
| 8 | 1 | 3 | 4 | 7 | 2 | 5 | 9 | 6 |

**SUDOKU 21**

| | | | | | | | | |
|---|---|---|---|---|---|---|---|---|
| 4 | 9 | 7 | 6 | 1 | 8 | 2 | 5 | 3 |
| 1 | 2 | 5 | 9 | 3 | 7 | 6 | 4 | 8 |
| 3 | 6 | 8 | 5 | 2 | 4 | 7 | 1 | 9 |
| 8 | 4 | 1 | 7 | 5 | 2 | 9 | 3 | 6 |
| 6 | 3 | 2 | 1 | 4 | 9 | 5 | 8 | 7 |
| 7 | 5 | 9 | 3 | 8 | 6 | 4 | 2 | 1 |
| 2 | 7 | 4 | 8 | 9 | 3 | 1 | 6 | 5 |
| 5 | 8 | 6 | 2 | 7 | 1 | 3 | 9 | 4 |
| 9 | 1 | 3 | 4 | 6 | 5 | 8 | 7 | 2 |

**SUDOKU 22**

| | | | | | | | | |
|---|---|---|---|---|---|---|---|---|
| 2 | 9 | 4 | 6 | 1 | 3 | 8 | 7 | 5 |
| 1 | 6 | 8 | 7 | 9 | 5 | 3 | 4 | 2 |
| 5 | 3 | 7 | 2 | 8 | 4 | 9 | 1 | 6 |
| 4 | 5 | 3 | 9 | 2 | 1 | 6 | 8 | 7 |
| 6 | 7 | 9 | 3 | 5 | 8 | 1 | 2 | 4 |
| 8 | 2 | 1 | 4 | 7 | 6 | 5 | 3 | 9 |
| 7 | 1 | 6 | 5 | 3 | 2 | 4 | 9 | 8 |
| 3 | 4 | 2 | 8 | 6 | 9 | 7 | 5 | 1 |
| 9 | 8 | 5 | 1 | 4 | 7 | 2 | 6 | 3 |

**SUDOKU 23**

| | | | | | | | | |
|---|---|---|---|---|---|---|---|---|
| 8 | 4 | 2 | 1 | 3 | 5 | 7 | 6 | 9 |
| 5 | 3 | 6 | 9 | 7 | 8 | 2 | 1 | 4 |
| 9 | 7 | 1 | 2 | 4 | 6 | 8 | 3 | 5 |
| 3 | 6 | 9 | 4 | 8 | 1 | 5 | 2 | 7 |
| 1 | 5 | 8 | 7 | 6 | 2 | 4 | 9 | 3 |
| 7 | 2 | 4 | 5 | 9 | 3 | 1 | 8 | 6 |
| 2 | 9 | 5 | 6 | 1 | 7 | 3 | 4 | 8 |
| 4 | 1 | 3 | 8 | 5 | 9 | 6 | 7 | 2 |
| 6 | 8 | 7 | 3 | 2 | 4 | 9 | 5 | 1 |

**SUDOKU 24**

| | | | | | | | | |
|---|---|---|---|---|---|---|---|---|
| 6 | 5 | 3 | 1 | 8 | 9 | 7 | 2 | 4 |
| 4 | 2 | 8 | 7 | 6 | 3 | 1 | 9 | 5 |
| 9 | 1 | 7 | 4 | 5 | 2 | 8 | 3 | 6 |
| 8 | 7 | 5 | 6 | 3 | 4 | 9 | 1 | 2 |
| 3 | 9 | 4 | 2 | 1 | 8 | 5 | 6 | 7 |
| 2 | 6 | 1 | 9 | 7 | 5 | 4 | 8 | 3 |
| 1 | 8 | 2 | 5 | 4 | 6 | 3 | 7 | 9 |
| 7 | 4 | 6 | 3 | 9 | 1 | 2 | 5 | 8 |
| 5 | 3 | 9 | 8 | 2 | 7 | 6 | 4 | 1 |

## SUDOKU 25

| | | | | | | | | |
|---|---|---|---|---|---|---|---|---|
| 9 | 5 | 3 | 4 | 1 | 2 | 8 | 7 | 6 |
| 4 | 8 | 7 | 3 | 6 | 9 | 5 | 1 | 2 |
| 6 | 2 | 1 | 8 | 5 | 7 | 9 | 4 | 3 |
| 5 | 6 | 4 | 1 | 7 | 3 | 2 | 8 | 9 |
| 1 | 7 | 2 | 9 | 8 | 6 | 3 | 5 | 4 |
| 3 | 9 | 8 | 5 | 2 | 4 | 7 | 6 | 1 |
| 2 | 4 | 5 | 7 | 9 | 1 | 6 | 3 | 8 |
| 8 | 1 | 6 | 2 | 3 | 5 | 4 | 9 | 7 |
| 7 | 3 | 9 | 6 | 4 | 8 | 1 | 2 | 5 |

## SUDOKU 26

| | | | | | | | | |
|---|---|---|---|---|---|---|---|---|
| 1 | 3 | 7 | 2 | 6 | 8 | 9 | 5 | 4 |
| 9 | 4 | 8 | 5 | 7 | 1 | 2 | 3 | 6 |
| 6 | 2 | 5 | 3 | 4 | 9 | 7 | 8 | 1 |
| 2 | 1 | 4 | 6 | 8 | 3 | 5 | 7 | 9 |
| 5 | 9 | 3 | 1 | 2 | 7 | 4 | 6 | 8 |
| 8 | 7 | 6 | 4 | 9 | 5 | 1 | 2 | 3 |
| 4 | 8 | 9 | 7 | 3 | 2 | 6 | 1 | 5 |
| 3 | 5 | 2 | 9 | 1 | 6 | 8 | 4 | 7 |
| 7 | 6 | 1 | 8 | 5 | 4 | 3 | 9 | 2 |

## SUDOKU 27

| | | | | | | | | |
|---|---|---|---|---|---|---|---|---|
| 7 | 2 | 4 | 6 | 9 | 3 | 1 | 8 | 5 |
| 3 | 9 | 5 | 1 | 8 | 4 | 7 | 2 | 6 |
| 8 | 1 | 6 | 2 | 7 | 5 | 3 | 4 | 9 |
| 4 | 3 | 7 | 8 | 5 | 6 | 9 | 1 | 2 |
| 6 | 5 | 2 | 3 | 1 | 9 | 8 | 7 | 4 |
| 9 | 8 | 1 | 7 | 4 | 2 | 6 | 5 | 3 |
| 2 | 7 | 9 | 5 | 3 | 1 | 4 | 6 | 8 |
| 5 | 4 | 8 | 9 | 6 | 7 | 2 | 3 | 1 |
| 1 | 6 | 3 | 4 | 2 | 8 | 5 | 9 | 7 |

## SUDOKU 28

| | | | | | | | | |
|---|---|---|---|---|---|---|---|---|
| 4 | 7 | 3 | 6 | 9 | 8 | 1 | 2 | 5 |
| 8 | 5 | 1 | 2 | 7 | 4 | 6 | 9 | 3 |
| 2 | 9 | 6 | 3 | 5 | 1 | 7 | 8 | 4 |
| 1 | 2 | 9 | 8 | 3 | 7 | 5 | 4 | 6 |
| 7 | 4 | 5 | 9 | 1 | 6 | 2 | 3 | 8 |
| 3 | 6 | 8 | 4 | 2 | 5 | 9 | 1 | 7 |
| 6 | 1 | 4 | 5 | 8 | 2 | 3 | 7 | 9 |
| 5 | 3 | 2 | 7 | 4 | 9 | 8 | 6 | 1 |
| 9 | 8 | 7 | 1 | 6 | 3 | 4 | 5 | 2 |

**SUDOKU 29**

| | | | | | | | | |
|---|---|---|---|---|---|---|---|---|
| 5 | 3 | 8 | 9 | 7 | 1 | 2 | 4 | 6 |
| 7 | 1 | 4 | 6 | 3 | 2 | 8 | 5 | 9 |
| 2 | 6 | 9 | 4 | 5 | 8 | 1 | 3 | 7 |
| 4 | 9 | 3 | 2 | 1 | 6 | 7 | 8 | 5 |
| 8 | 2 | 7 | 3 | 9 | 5 | 4 | 6 | 1 |
| 1 | 5 | 6 | 7 | 8 | 4 | 3 | 9 | 2 |
| 3 | 8 | 2 | 5 | 6 | 7 | 9 | 1 | 4 |
| 6 | 4 | 1 | 8 | 2 | 9 | 5 | 7 | 3 |
| 9 | 7 | 5 | 1 | 4 | 3 | 6 | 2 | 8 |

**SUDOKU 30**

| | | | | | | | | |
|---|---|---|---|---|---|---|---|---|
| 8 | 3 | 9 | 1 | 6 | 5 | 2 | 4 | 7 |
| 6 | 7 | 1 | 2 | 4 | 8 | 5 | 9 | 3 |
| 2 | 5 | 4 | 7 | 3 | 9 | 8 | 1 | 6 |
| 5 | 1 | 8 | 9 | 7 | 4 | 3 | 6 | 2 |
| 9 | 4 | 2 | 6 | 8 | 3 | 1 | 7 | 5 |
| 7 | 6 | 3 | 5 | 2 | 1 | 9 | 8 | 4 |
| 3 | 9 | 6 | 8 | 5 | 7 | 4 | 2 | 1 |
| 1 | 2 | 5 | 4 | 9 | 6 | 7 | 3 | 8 |
| 4 | 8 | 7 | 3 | 1 | 2 | 6 | 5 | 9 |

## SUDOKU 31

| | | | | | | | | |
|---|---|---|---|---|---|---|---|---|
| 9 | 5 | 2 | 8 | 1 | 4 | 7 | 6 | 3 |
| 4 | 6 | 1 | 3 | 7 | 2 | 8 | 5 | 9 |
| 3 | 7 | 8 | 5 | 6 | 9 | 4 | 2 | 1 |
| 6 | 2 | 4 | 9 | 8 | 7 | 3 | 1 | 5 |
| 8 | 1 | 7 | 2 | 3 | 5 | 6 | 9 | 4 |
| 5 | 3 | 9 | 1 | 4 | 6 | 2 | 8 | 7 |
| 1 | 9 | 6 | 4 | 2 | 3 | 5 | 7 | 8 |
| 7 | 4 | 5 | 6 | 9 | 8 | 1 | 3 | 2 |
| 2 | 8 | 3 | 7 | 5 | 1 | 9 | 4 | 6 |

## SUDOKU 32

| | | | | | | | | |
|---|---|---|---|---|---|---|---|---|
| 2 | 1 | 4 | 3 | 7 | 6 | 9 | 8 | 5 |
| 7 | 6 | 9 | 8 | 5 | 2 | 1 | 4 | 3 |
| 8 | 5 | 3 | 9 | 4 | 1 | 6 | 7 | 2 |
| 4 | 3 | 6 | 7 | 9 | 5 | 8 | 2 | 1 |
| 1 | 9 | 7 | 2 | 8 | 4 | 3 | 5 | 6 |
| 5 | 8 | 2 | 1 | 6 | 3 | 7 | 9 | 4 |
| 3 | 7 | 1 | 5 | 2 | 9 | 4 | 6 | 8 |
| 9 | 4 | 5 | 6 | 1 | 8 | 2 | 3 | 7 |
| 6 | 2 | 8 | 4 | 3 | 7 | 5 | 1 | 9 |

**SUDOKU 33**

| | | | | | | | | |
|---|---|---|---|---|---|---|---|---|
| 1 | 8 | 4 | 3 | 7 | 6 | 2 | 5 | 9 |
| 9 | 3 | 7 | 2 | 8 | 5 | 6 | 4 | 1 |
| 6 | 2 | 5 | 4 | 1 | 9 | 8 | 7 | 3 |
| 5 | 4 | 9 | 1 | 6 | 7 | 3 | 2 | 8 |
| 7 | 6 | 8 | 9 | 3 | 2 | 4 | 1 | 5 |
| 2 | 1 | 3 | 8 | 5 | 4 | 7 | 9 | 6 |
| 8 | 9 | 2 | 5 | 4 | 3 | 1 | 6 | 7 |
| 4 | 7 | 1 | 6 | 9 | 8 | 5 | 3 | 2 |
| 3 | 5 | 6 | 7 | 2 | 1 | 9 | 8 | 4 |

**SUDOKU 34**

| | | | | | | | | |
|---|---|---|---|---|---|---|---|---|
| 9 | 6 | 5 | 3 | 1 | 8 | 7 | 2 | 4 |
| 8 | 7 | 3 | 4 | 5 | 2 | 6 | 9 | 1 |
| 4 | 1 | 2 | 6 | 7 | 9 | 8 | 3 | 5 |
| 3 | 8 | 1 | 2 | 6 | 7 | 4 | 5 | 9 |
| 5 | 9 | 7 | 1 | 4 | 3 | 2 | 6 | 8 |
| 6 | 2 | 4 | 8 | 9 | 5 | 3 | 1 | 7 |
| 1 | 5 | 8 | 7 | 3 | 6 | 9 | 4 | 2 |
| 2 | 3 | 9 | 5 | 8 | 4 | 1 | 7 | 6 |
| 7 | 4 | 6 | 9 | 2 | 1 | 5 | 8 | 3 |

SUDOKU 35

| | | | | | | | | |
|---|---|---|---|---|---|---|---|---|
| 3 | 4 | 1 | 9 | 8 | 5 | 7 | 2 | 6 |
| 2 | 8 | 6 | 7 | 4 | 1 | 5 | 9 | 3 |
| 5 | 7 | 9 | 3 | 2 | 6 | 1 | 8 | 4 |
| 7 | 3 | 2 | 1 | 6 | 4 | 8 | 5 | 9 |
| 8 | 1 | 5 | 2 | 9 | 3 | 4 | 6 | 7 |
| 6 | 9 | 4 | 5 | 7 | 8 | 2 | 3 | 1 |
| 9 | 6 | 7 | 4 | 5 | 2 | 3 | 1 | 8 |
| 4 | 2 | 3 | 8 | 1 | 9 | 6 | 7 | 5 |
| 1 | 5 | 8 | 6 | 3 | 7 | 9 | 4 | 2 |

SUDOKU 36

| | | | | | | | | |
|---|---|---|---|---|---|---|---|---|
| 6 | 9 | 3 | 8 | 4 | 7 | 1 | 2 | 5 |
| 7 | 8 | 5 | 2 | 1 | 9 | 6 | 3 | 4 |
| 1 | 2 | 4 | 6 | 3 | 5 | 8 | 7 | 9 |
| 3 | 7 | 8 | 5 | 2 | 4 | 9 | 1 | 6 |
| 9 | 4 | 6 | 3 | 8 | 1 | 2 | 5 | 7 |
| 2 | 5 | 1 | 9 | 7 | 6 | 4 | 8 | 3 |
| 4 | 3 | 7 | 1 | 9 | 2 | 5 | 6 | 8 |
| 5 | 1 | 9 | 7 | 6 | 8 | 3 | 4 | 2 |
| 8 | 6 | 2 | 4 | 5 | 3 | 7 | 9 | 1 |

## SUDOKU 37

| | | | | | | | | |
|---|---|---|---|---|---|---|---|---|
| 7 | 2 | 6 | 9 | 5 | 1 | 3 | 8 | 4 |
| 1 | 8 | 3 | 2 | 4 | 6 | 5 | 9 | 7 |
| 5 | 4 | 9 | 7 | 8 | 3 | 2 | 1 | 6 |
| 3 | 9 | 5 | 4 | 6 | 2 | 8 | 7 | 1 |
| 8 | 6 | 7 | 3 | 1 | 5 | 4 | 2 | 9 |
| 2 | 1 | 4 | 8 | 7 | 9 | 6 | 3 | 5 |
| 9 | 5 | 8 | 6 | 3 | 7 | 1 | 4 | 2 |
| 4 | 7 | 1 | 5 | 2 | 8 | 9 | 6 | 3 |
| 6 | 3 | 2 | 1 | 9 | 4 | 7 | 5 | 8 |

## SUDOKU 38

| | | | | | | | | |
|---|---|---|---|---|---|---|---|---|
| 6 | 2 | 3 | 8 | 4 | 1 | 9 | 5 | 7 |
| 7 | 9 | 8 | 6 | 5 | 2 | 3 | 1 | 4 |
| 1 | 4 | 5 | 9 | 3 | 7 | 8 | 2 | 6 |
| 9 | 8 | 2 | 7 | 1 | 4 | 5 | 6 | 3 |
| 3 | 7 | 1 | 5 | 2 | 6 | 4 | 9 | 8 |
| 4 | 5 | 6 | 3 | 9 | 8 | 2 | 7 | 1 |
| 8 | 1 | 9 | 4 | 7 | 5 | 6 | 3 | 2 |
| 2 | 3 | 4 | 1 | 6 | 9 | 7 | 8 | 5 |
| 5 | 6 | 7 | 2 | 8 | 3 | 1 | 4 | 9 |

**SUDOKU 39**

| | | | | | | | | |
|---|---|---|---|---|---|---|---|---|
| 5 | 4 | 7 | 9 | 6 | 8 | 2 | 1 | 3 |
| 1 | 9 | 3 | 7 | 2 | 4 | 6 | 8 | 5 |
| 6 | 2 | 8 | 1 | 3 | 5 | 4 | 7 | 9 |
| 8 | 3 | 4 | 6 | 5 | 7 | 9 | 2 | 1 |
| 2 | 7 | 1 | 4 | 8 | 9 | 3 | 5 | 6 |
| 9 | 5 | 6 | 2 | 1 | 3 | 8 | 4 | 7 |
| 3 | 8 | 9 | 5 | 7 | 2 | 1 | 6 | 4 |
| 4 | 6 | 5 | 8 | 9 | 1 | 7 | 3 | 2 |
| 7 | 1 | 2 | 3 | 4 | 6 | 5 | 9 | 8 |

**SUDOKU 40**

| | | | | | | | | |
|---|---|---|---|---|---|---|---|---|
| 9 | 5 | 4 | 8 | 7 | 2 | 6 | 3 | 1 |
| 8 | 1 | 2 | 6 | 4 | 3 | 5 | 9 | 7 |
| 7 | 3 | 6 | 9 | 5 | 1 | 8 | 4 | 2 |
| 3 | 4 | 8 | 1 | 9 | 7 | 2 | 6 | 5 |
| 2 | 6 | 7 | 4 | 3 | 5 | 9 | 1 | 8 |
| 1 | 9 | 5 | 2 | 8 | 6 | 3 | 7 | 4 |
| 6 | 7 | 9 | 5 | 1 | 8 | 4 | 2 | 3 |
| 4 | 8 | 1 | 3 | 2 | 9 | 7 | 5 | 6 |
| 5 | 2 | 3 | 7 | 6 | 4 | 1 | 8 | 9 |

## SUDOKU 41

| | | | | | | | | |
|---|---|---|---|---|---|---|---|---|
| 4 | 7 | 3 | 6 | 9 | 8 | 2 | 1 | 5 |
| 8 | 9 | 2 | 7 | 5 | 1 | 6 | 4 | 3 |
| 5 | 1 | 6 | 4 | 3 | 2 | 7 | 9 | 8 |
| 9 | 3 | 4 | 2 | 8 | 5 | 1 | 6 | 7 |
| 6 | 8 | 7 | 1 | 4 | 9 | 5 | 3 | 2 |
| 2 | 5 | 1 | 3 | 7 | 6 | 9 | 8 | 4 |
| 3 | 6 | 9 | 8 | 2 | 7 | 4 | 5 | 1 |
| 7 | 4 | 5 | 9 | 1 | 3 | 8 | 2 | 6 |
| 1 | 2 | 8 | 5 | 6 | 4 | 3 | 7 | 9 |

## SUDOKU 42

| | | | | | | | | |
|---|---|---|---|---|---|---|---|---|
| 6 | 7 | 4 | 8 | 3 | 5 | 2 | 1 | 9 |
| 8 | 1 | 5 | 7 | 9 | 2 | 4 | 6 | 3 |
| 9 | 3 | 2 | 1 | 4 | 6 | 8 | 5 | 7 |
| 1 | 4 | 8 | 9 | 7 | 3 | 5 | 2 | 6 |
| 2 | 5 | 7 | 6 | 1 | 4 | 3 | 9 | 8 |
| 3 | 6 | 9 | 5 | 2 | 8 | 7 | 4 | 1 |
| 5 | 9 | 3 | 2 | 8 | 1 | 6 | 7 | 4 |
| 7 | 8 | 6 | 4 | 5 | 9 | 1 | 3 | 2 |
| 4 | 2 | 1 | 3 | 6 | 7 | 9 | 8 | 5 |

## SUDOKU 43

| | | | | | | | | |
|---|---|---|---|---|---|---|---|---|
| 8 | 3 | 2 | 5 | 1 | 9 | 7 | 6 | 4 |
| 5 | 6 | 1 | 8 | 7 | 4 | 2 | 9 | 3 |
| 7 | 9 | 4 | 6 | 3 | 2 | 1 | 8 | 5 |
| 4 | 8 | 6 | 2 | 5 | 3 | 9 | 1 | 7 |
| 2 | 7 | 5 | 1 | 9 | 8 | 4 | 3 | 6 |
| 3 | 1 | 9 | 7 | 4 | 6 | 8 | 5 | 2 |
| 6 | 5 | 8 | 4 | 2 | 1 | 3 | 7 | 9 |
| 9 | 4 | 7 | 3 | 8 | 5 | 6 | 2 | 1 |
| 1 | 2 | 3 | 9 | 6 | 7 | 5 | 4 | 8 |

## SUDOKU 44

| | | | | | | | | |
|---|---|---|---|---|---|---|---|---|
| 8 | 3 | 5 | 7 | 9 | 1 | 6 | 2 | 4 |
| 6 | 9 | 4 | 2 | 8 | 3 | 5 | 7 | 1 |
| 1 | 2 | 7 | 6 | 4 | 5 | 9 | 8 | 3 |
| 9 | 7 | 6 | 4 | 5 | 2 | 3 | 1 | 8 |
| 5 | 8 | 2 | 1 | 3 | 9 | 4 | 6 | 7 |
| 4 | 1 | 3 | 8 | 6 | 7 | 2 | 9 | 5 |
| 2 | 4 | 8 | 5 | 1 | 6 | 7 | 3 | 9 |
| 3 | 6 | 1 | 9 | 7 | 4 | 8 | 5 | 2 |
| 7 | 5 | 9 | 3 | 2 | 8 | 1 | 4 | 6 |

**SUDOKU 45**

| | | | | | | | | |
|---|---|---|---|---|---|---|---|---|
| 3 | 1 | 9 | 4 | 2 | 5 | 8 | 7 | 6 |
| 2 | 4 | 6 | 8 | 7 | 9 | 1 | 3 | 5 |
| 8 | 7 | 5 | 1 | 6 | 3 | 9 | 4 | 2 |
| 1 | 6 | 2 | 9 | 3 | 4 | 5 | 8 | 7 |
| 5 | 8 | 3 | 2 | 1 | 7 | 6 | 9 | 4 |
| 7 | 9 | 4 | 5 | 8 | 6 | 3 | 2 | 1 |
| 6 | 2 | 8 | 3 | 4 | 1 | 7 | 5 | 9 |
| 9 | 3 | 7 | 6 | 5 | 2 | 4 | 1 | 8 |
| 4 | 5 | 1 | 7 | 9 | 8 | 2 | 6 | 3 |

**SUDOKU 46**

| | | | | | | | | |
|---|---|---|---|---|---|---|---|---|
| 6 | 1 | 8 | 9 | 2 | 7 | 5 | 3 | 4 |
| 9 | 5 | 2 | 1 | 4 | 3 | 7 | 6 | 8 |
| 3 | 7 | 4 | 5 | 6 | 8 | 2 | 1 | 9 |
| 5 | 3 | 1 | 7 | 8 | 4 | 9 | 2 | 6 |
| 2 | 4 | 7 | 3 | 9 | 6 | 1 | 8 | 5 |
| 8 | 6 | 9 | 2 | 1 | 5 | 3 | 4 | 7 |
| 4 | 9 | 3 | 8 | 7 | 1 | 6 | 5 | 2 |
| 7 | 8 | 5 | 6 | 3 | 2 | 4 | 9 | 1 |
| 1 | 2 | 6 | 4 | 5 | 9 | 8 | 7 | 3 |

## SUDOKU 47

| | | | | | | | | |
|---|---|---|---|---|---|---|---|---|
| 7 | 9 | 1 | 5 | 4 | 8 | 3 | 6 | 2 |
| 4 | 2 | 3 | 1 | 9 | 6 | 7 | 5 | 8 |
| 5 | 6 | 8 | 3 | 2 | 7 | 4 | 1 | 9 |
| 2 | 7 | 9 | 4 | 1 | 3 | 6 | 8 | 5 |
| 1 | 8 | 4 | 6 | 5 | 2 | 9 | 3 | 7 |
| 6 | 3 | 5 | 8 | 7 | 9 | 1 | 2 | 4 |
| 9 | 5 | 2 | 7 | 6 | 1 | 8 | 4 | 3 |
| 8 | 4 | 6 | 9 | 3 | 5 | 2 | 7 | 1 |
| 3 | 1 | 7 | 2 | 8 | 4 | 5 | 9 | 6 |

## SUDOKU 48

| | | | | | | | | |
|---|---|---|---|---|---|---|---|---|
| 9 | 5 | 2 | 3 | 7 | 1 | 8 | 6 | 4 |
| 6 | 7 | 3 | 9 | 4 | 8 | 2 | 5 | 1 |
| 8 | 1 | 4 | 6 | 5 | 2 | 3 | 7 | 9 |
| 4 | 6 | 1 | 7 | 2 | 9 | 5 | 3 | 8 |
| 3 | 2 | 9 | 8 | 1 | 5 | 7 | 4 | 6 |
| 5 | 8 | 7 | 4 | 3 | 6 | 9 | 1 | 2 |
| 2 | 4 | 6 | 5 | 9 | 3 | 1 | 8 | 7 |
| 1 | 3 | 8 | 2 | 6 | 7 | 4 | 9 | 5 |
| 7 | 9 | 5 | 1 | 8 | 4 | 6 | 2 | 3 |

## SUDOKU 49

| | | | | | | | | |
|---|---|---|---|---|---|---|---|---|
| 5 | 3 | 9 | 6 | 2 | 1 | 4 | 7 | 8 |
| 8 | 7 | 2 | 5 | 4 | 9 | 6 | 1 | 3 |
| 1 | 4 | 6 | 7 | 3 | 8 | 5 | 9 | 2 |
| 9 | 2 | 1 | 3 | 6 | 4 | 8 | 5 | 7 |
| 4 | 8 | 3 | 9 | 5 | 7 | 1 | 2 | 6 |
| 7 | 6 | 5 | 8 | 1 | 2 | 9 | 3 | 4 |
| 3 | 1 | 7 | 4 | 8 | 5 | 2 | 6 | 9 |
| 2 | 9 | 4 | 1 | 7 | 6 | 3 | 8 | 5 |
| 6 | 5 | 8 | 2 | 9 | 3 | 7 | 4 | 1 |

## SUDOKU 50

| | | | | | | | | |
|---|---|---|---|---|---|---|---|---|
| 7 | 2 | 5 | 9 | 6 | 4 | 3 | 1 | 8 |
| 6 | 3 | 9 | 1 | 8 | 7 | 4 | 5 | 2 |
| 4 | 1 | 8 | 2 | 5 | 3 | 9 | 7 | 6 |
| 5 | 7 | 1 | 3 | 2 | 6 | 8 | 9 | 4 |
| 8 | 9 | 3 | 7 | 4 | 5 | 2 | 6 | 1 |
| 2 | 4 | 6 | 8 | 1 | 9 | 5 | 3 | 7 |
| 3 | 5 | 4 | 6 | 7 | 8 | 1 | 2 | 9 |
| 9 | 6 | 2 | 4 | 3 | 1 | 7 | 8 | 5 |
| 1 | 8 | 7 | 5 | 9 | 2 | 6 | 4 | 3 |

FIM...

www.ingramcontent.com/pod-product-compliance
Lightning Source LLC
Chambersburg PA
CBHW080811280726
48660CB00018B/3225
*9798884548206*